自闭谱系障碍儿童早期干预丛书　　　丛书顾问　方俊明

丛书主编　苏雪云

如何发展自闭谱系障碍儿童的沟通能力

朱晓晨　苏雪云　编著

图书在版编目(CIP)数据

如何发展自闭谱系障碍儿童的沟通能力/朱晓晨,苏雪云编著. —北京:北京大学出版社,2014.1

(自闭谱系障碍儿童早期干预丛书)

ISBN 978-7-301-23531-7

Ⅰ.①如… Ⅱ.①朱…②苏… Ⅲ.①缄默症—儿童教育—特殊教育 Ⅳ.①G760

中国版本图书馆 CIP 数据核字(2013)第 288014 号

| 书　　　　名：如何发展自闭谱系障碍儿童的沟通能力
| 著作责任者：朱晓晨　苏雪云　编著
| 责 任 编 辑：泮颖雯
| 标 准 书 号：ISBN 978-7-301-23531-7/G · 3750
| 出 版 发 行：北京大学出版社
| 地　　　　址：北京市海淀区成府路 205 号　100871
| 网　　　　址：http://www.pup.cn　新浪官方微博:@北京大学出版社
| 电 子 信 箱：zpup@pup.cn
| 电　　　　话：邮购部 62752015　发行部 62750672　编辑部 62767857
| 　　　　　　　出版部 62754962
| 印　 刷　 者：北京宏伟双华印刷有限公司
| 经　 销　 者：新华书店
| 　　　　　　　720 毫米×1020 毫米　16 开本　12.5 印张　140 千字
| 　　　　　　　2014 年 1 月第 1 版　2017 年 11 月第 2 次印刷
| 定　　　　价：39.00 元

未经许可,不得以任何方式复制或抄袭本书之部分或全部内容。

版权所有,侵权必究

举报电话：010-62752024　　电子信箱：fd@pup.pku.edu.cn

丛书总序

自从1943年,美国精神病医生坎纳(Kenner)首次报道了11例自闭症儿童以来,人们越来越深地认识到自闭症是一种差异性很大的广泛性发展障碍(Pervasive Developmental Disorders,PDD)。当今学术界把自闭症儿童称为自闭谱系障碍(Autism Spectrum Disorders,ASD)儿童。自闭谱系障碍包括卡纳型自闭症、阿斯伯格症这两种主要类型,还包括瑞特综合征(Rett's Disorder)、儿童期分裂障碍(Childhood Disintegrative Disorder)和不确定的广泛性发展障碍(PDD-NOS),被称为"特殊儿童之王"。

为了引起世界各国的广泛关注和高度重视,联合国将每年的4月2日定为世界自闭症日。近年来,许多发达国家的政府、基金会、高等学校和研究机构都增加了研究投入,希望能早日攻克困扰全球的自闭谱系障碍儿童医疗、教育和康复问题。当代自闭谱系障碍的研究已经越出了儿童精神学的范畴,成为儿童精神病学、特殊教育学、语言学、心理学和社会科学等多学科共同关注的研究课题。

从多学科和交叉学科的研究路径来看关于自闭谱系障碍的研究主要有以下几方面：一是从医学、生物学、生理学、神经科学、精神病学的角度，围绕着遗传基因、脑功能、神经传导、精神障碍等问题进行了大量的基础研究，特别关注基因如何影响脑神经的形成和自闭谱系障碍儿童的生物性成因。二是从特殊教育学、儿童心理学、发展心理学的角度，采用实验研究和临床研究相结合的方法来探讨自闭谱系障碍儿童的行为特征、信息加工过程以及评估、干预、训练和教育的原理和方法，并挖掘自闭谱系障碍儿童可能凸显的潜能。三是采用实用语言学和实验语言学的方法来研究自闭谱系障碍儿童的语言发展、语言使用能力、语言活动的神经过程等。四是从社会学、管理学、预防学、人口学、统计学的角度来探讨如何通过社会组织（如人口计生委、妇幼保健机构、残联、社区机构、婴幼儿机构）和社会工作者帮助儿童家长对新生儿童、婴幼儿、高危儿童进行早期筛查、综合评估和鉴定，以便及早地发现和进行早期治疗、康复、干预、训练和教育，同时建立儿童发展的信息库，帮助政府和相关部门制定相应的方针政策。

近年来，这些跨学科与交叉学科的研究形成了一个重要的共识：早期发现、干预和教育是目前唯一有效地降低障碍程度，促进自闭谱系障碍儿童发展的途径。

为了将上述跨学科和交叉学科的研究成果运用于实践，将早期干预的基本理念转化为日常的教育康复活动，北京大学出版社在

2011年推出一套22本的"21世纪特殊教育创新教材"的基础上，又新推出一套"自闭谱系障碍儿童早期干预丛书"。

这套自闭谱系障碍儿童早期干预丛书，由华东师范大学学前教育与特殊教育学院苏雪云博士主编，她曾于2007年到2008年在美国乔治敦大学医学院围绕自闭谱系障碍早期干预进行博士后研究，回国后一直从事自闭谱系障碍和早期干预研究与实践；分册作者均为高校特殊教育学系教师、学前教育学系教师，有丰富的教学与科研实践经验，或者华东师范大学特殊教育学研究生，在研究生导师的指导下，结合自己的教学实践和论文研究参与了分册的共同编写，其比较鲜明的特点如下：

一是读者范围明确，即面对广大自闭谱系障碍儿童的家长和在基层学校、幼儿园从事自闭谱系障碍儿童教育康复工作的一线教师。

二是选题得当，作为一套用来指导自闭谱系障碍儿童家长和教师教育、干预工作的指导手册，各分册选择了自闭谱系障碍儿童发展过程中最突出的社会沟通、人际交往、生活自理、感知运动、认知特点等主要问题进行详细的阐述。

三是内容新颖，丛书各分册都反映了目前国内外有关自闭谱系障碍儿童研究的最新成果，例如，有关社会脑和认知神经科学方面的研究成果、早期干预和社会综合治理的理念、综合评估的方法、行为干预的原理与游戏治疗的方法等。

四是深入浅出，通俗易懂，适合于基础工作者和广大儿童家长的专业阅读水平，避免了经院学究型的旁征博引。

五是突出三"实"，即结合我国当前自闭谱系障碍儿童教育与康复工作的实际，采用大量实证性的案例，充分地显示出作为资源手册，有效地指导广大自闭症儿童家长和一线教师日常活动的实用性。

作为一个特殊教育工作者，我殷切地希望，北京大学出版社两套特殊教育丛书的先后问世，将有力地推动我国特殊教育事业的发展，提高我国自闭谱系障碍儿童的教育和康复水平。

华东师范大学　终身教授
特殊教育研究所　所长
中国高等教育学会特殊教育研究会理事长
方俊明
2013年8月5日

写给家长的话

面对一个新生命的来临,每一个母亲和家庭都满怀期待,充满憧憬,而每一个小宝宝生命里最值得信赖也最依赖的就是爸爸妈妈,家庭里多了一个新成员,会给我们带来很多快乐,也带来很多的挑战。第一次喂奶,第一次换尿布,直到看着他对着我们微笑,学会爬,学会站立和自己行走……

每一个孩子都是独一无二的,但当我们发现自己的孩子真的那么特殊的时候,我们会情愿自己的孩子跟别人家的孩子一样。当我们在甜蜜地假想宝宝"会先叫爸爸还是妈妈"的时候,宝宝已经两岁了还什么话都没有,有时候喊他的名字也不理睬我们,宝宝对其他小朋友也没有特殊的兴趣,然后还有一些很冷门的爱好,和我们无法理解的行为……当医生告诉我们,孩子可能是自闭症,或者有自闭症倾向的那一刻,我们还是无法相信,曾经的憧憬和希望似乎崩塌了。

我自己也是一个妈妈,孩子出生时难产,出院后就开始早期干预……因此每一次面对儿童和家庭,那些担忧和焦虑,感同身受。但同时也有一种迫不及待地想要鼓励每位妈妈和爸爸坚强起来去采取积极行动的热望和冲动。

在我国,随着1982年首次报道自闭症,相关的研究和教育训练都在发展,很多家长在儿童2岁前就已经发现了"哪里不对",但我们的一个调研发现,从家长发现儿童的行为异常,比如"不会主动跟大人有情感的表达""对人没有兴趣""叫他的名字没有反应"等,到家长首次去医院进行检查之间平均有13.7个月的滞后期。而即便在医院得到了诊断,到真正去寻求服务也有6.5个月的滞后期。当然这只是一个平均数字,来咨询的很多家长也有在第一时间就采取行动的。

自闭谱系障碍曾经被视为是很罕见的一种障碍,大约1万例新生儿里有3例,但目前根据美国疾病预防中心的最新数据,自闭谱系障碍的发生率已经为每88人中有1例(CDC,2012),其发生率高于很多常见的障碍,已经从过去很罕见的疾病发展为较为常见的发育障碍性疾病,甚至超过脑瘫及唐氏综合征的患病率,排在儿童精神发育障碍的首位。但我国目前还没有确定的关于这一障碍的统计数据,根据2006年我国第二次全国残疾人抽样调查结果显示,0~6岁精神残疾儿童(含多重)占该年龄段儿童总数的1.01‰,其中自闭症儿童占精神残疾儿童总数的36.9%,约为4.1万人。虽然没有关于流行率的确定结论,但一般认为我国现有400万到1000万的自闭谱系障碍患者,其中包括100万到300万的儿童。

作为自闭谱系障碍中被研究最多的自闭症,也被称为"特殊儿童之王",自闭症的病因还不明确,较为一致的看法是"这由于脑的发展、神经化学和遗传等因素的异常所引起",尚无有效的针对自闭症核心障碍的药物治疗途径,同时这类儿童大多数还伴有智力发育障碍、学习障碍、癫痫等其他障碍或疾病,其干预和教育一直是难点。作为一种起病于婴幼儿期的发展性障碍,通常在3岁前其症状就已显现,包括:沟通和社会交往的质的损伤;狭窄的、重复的、刻板的行为模式、兴趣与活动,且很多患者在成年后依然存在这些领域的缺陷,特别是在社会交往方面有严重障碍,在日常生活和谋生技能方面有严重缺陷,成为伴随终生的一种障碍,对患者及其家庭造成极大压力,同时也给社会带来很大的问题。

目前自闭谱系障碍的干预方法仅在美国就有上百种之多,由于这一障碍的个体内差异和个体间差异都非常巨大,每个儿童可能适用的有效的干预方法也不尽相同。自闭谱系障碍的治疗和干预领域,目前达成的共识有这样几点:第一,自闭谱系障碍早期干预十分关键,越早干预,愈后越好;第二,多学科协作的干预模式,全面地从儿童的各个领域进行综合干预,包括语言和言语治疗、社会交往技能训练、行为干预、感觉统合等;第三,在融合的环境内提供给自闭谱系障碍儿童与典型发展儿童互动的机会,有助于自闭谱系障碍儿童的发展;第四,家庭和家长在早期干预中的参与和为家长提供支持和培训,有助于自闭谱系障碍儿童的发展;等等。

而我国目前的早期干预机构远远不能满足儿童和家庭的需求,特别是0~3岁阶段,家长们在第一时间发现,第一时间进行干预,是极为关键的。诊断并不是最重要的,早期干预的目标并不是确定儿童的障碍是什么,而是当儿童可能存在特殊发展需要的时候,我们第一时间给予儿童相应的支持和调整,为儿童的发展提供机会和经验,然而很多家长,甚至干预老师不知道如何与自闭谱系障碍的儿童进行互动,也不知道如何开展有效的早期干预,即使是有经验的教师也时常会觉得"巧妇难为无米之炊",因此在很多家长和干预老师的建议下,我们硬着头皮做了这次勇敢的尝试,编写了"自闭谱系障碍儿童早期干预丛书"。

这套丛书的编写得到了很多老师的帮助和支持,非常荣幸地由方俊明教授担任丛书顾问,并由杨广学、王和平、周念丽、杨福义和周波各位教授分别参与分册的编写和指导工作。这套书是在我负责的浦江人才项目"自闭谱系障碍儿童家庭早期干预体系研究"和教育部人文社科青年基金"自闭谱系障碍儿童融合教育支持系统研究(12YJC880090)"和家庭干预的实践成果基础上,由各位作者辛苦完善编写的。在此非常感谢每一位作者的智慧和热情。也非常感谢北京大学出版社的李淑方编辑的支持和督促。丛书的初稿从2009年开始起草,到2011年逐步完善成书,经历了一个艰苦的过程,在写作过程中我们也始终惶恐,自闭谱系障碍的早期干预本身就是一个非常复杂的内容,我们仅仅能在我们的能力范围内与大家分享我们所知道的"皮毛",期望可以抛砖引玉,各位家长和老师在使用本丛书的过程中,能与我们分享你们的体会和意见,或者你们有更好的游戏创意，一起来完善丛书，欢迎写信到 early4ASD@163.com。

每一个儿童都是独一无二的，自闭谱系障碍的儿童具有更特殊的独一无二的特性，我们也知道每个儿童的发展都是很多因素共同促成的，为了方便使用和写作，这套丛书还是分别从不同的角度和领域进行了分册编写。

《如何理解自闭谱系障碍和早期干预》（苏雪云）从整体上给出理解自闭谱系障碍儿童和开展早期干预的一些指南，特别是整合运用其他分册的一些操作建议，包括最新的关于自闭谱系障碍的新进展、家长心态调整、如何开展早期干预等。

《如何在游戏中干预自闭谱系障碍儿童》（朱瑞、周念丽）关注的是游戏在早期干预中的作用，自闭谱系障碍儿童的游戏能力也存在缺陷，其他各个领域的能力可以在学会游戏、进行游戏的过程中得到发展。

接下来的五本分册都将关注"游戏/活动"，为家长选取不同领域的游戏提供一些理论指导、儿童发展的基本知识（发展里程碑）等，主体部分为一个一个游戏或者活动。其中《如何发展自闭谱系障碍儿童的沟通能力》（朱晓晨、苏雪云）和《如何发展自闭谱系障碍儿童的社会交往能力》（吕梦、杨广学）两本针对的是自闭谱系障碍儿童的核心障碍——沟通和社会交往存在质的缺陷；《如何发展自闭谱系障碍儿童的自我照料能力》（倪萍萍、周波）单独成册是考虑到很多与自闭谱系障碍儿童一起成长的家长，在自己的孩子成年后都不约而同地认为"自我照料"和生活独立是非常关键的;《如何发展自闭谱系障碍儿童的感知和运动能力》(韩文娟、徐芳、王和平)则为我们提供了丰富的促进感知运动发展的游戏干预方法和活动参考,这也是因为很多自闭谱系障碍儿童在这个领域也存在很多挑战;《如何发展自闭谱系障碍儿童的认知能力》(潘前前、杨福义)独立成册也是家长和教师们的建议,认知能力是基础和综合的能力,也是很多自闭谱系障碍儿童无法自然发展的能力。

这套丛书没有完全覆盖儿童发展的各个领域,主要是根据我们在与自闭谱系障碍儿童和家庭一起开展早期干预的经验的基础上,选取了我们认为较为核心的和干预资料较为丰富的领域来编写,肯定还有其他的内容也是非常重要的,值得日后在实践和研究中不断完善。

再次感谢您选择了这套丛书,这套丛书编写的过程中我们非常强调"基于实证",各位家长和干预教师可以根据自己孩子的情况进行选择使用,这套书不仅实用于已经被诊断为自闭症或者自闭症倾向的儿童,也适合发展迟缓的儿童和可能存在高危发展的儿童。让我们一起努力,为我们的孩子创设一个有意义的童年世界,和我们的孩子一起成长吧!

苏雪云　博士　副教授

华东师范大学特殊教育学系

华东师范大学自闭症研究中心

2013 年 8 月 7 日

目 录

第一部分 一起来了解儿童的沟通能力 ·················· 1
    一 沟通就是说话吗？ ································· 2
    二 除了说话，我们还可以怎样沟通？ ················ 4
    三 儿童如何学习说话？ ······························ 7
    四 你的孩子存在沟通困难吗？ ······················ 10
    五 是什么阻碍了儿童与他人的沟通呢？ ············ 11
    六 自闭谱系障碍儿童的沟通行为有哪些特点？ ······ 14
    七 怎样提高儿童的沟通能力？ ······················ 17

第二部分 看看你的孩子的发展水平 ···················· 21
    一 准备（口腔练习） ································ 24
    二 理解能力的发展 ································· 25
    三 表达能力的发展 ································· 28

第三部分　让我们一起来促进儿童沟通能力的发展 ………… 31

一　准备（口腔练习）………………………………………… 32

1. 舔一舔 ……………………………………………… 32
2. 亲亲宝贝 …………………………………………… 34
3. 吹泡泡 ……………………………………………… 35
4. 小哨兵 ……………………………………………… 37

二　理解能力的发展 …………………………………………… 40

5. 猫捉老鼠（视线接触）……………………………… 40
6. 我的名字（听到名字有反应）……………………… 42
7. 打地鼠（启动注意）………………………………… 43
8. 谁来了（注意保持）………………………………… 45
9. 给我看一看（分享注意）…………………………… 47
10. 整理玩具（把……给我）…………………………… 49
11. 和玩具说再见（理解再见）………………………… 50
12. 拍拍与敲敲（模仿动作）…………………………… 52
13. 这样做（模仿动作）………………………………… 53
14. 小小指挥棒1（指一指）…………………………… 55
15. 小小指挥棒2（指一指不是）……………………… 57
16. 开火车（停下来、等一下）………………………… 58
17. 会飞的小人儿1（上下里外）……………………… 60
18. 会飞的小人儿2（两步指令）……………………… 61

19. 搬运工(多步指令) ………………………………… 63

20. 让我照顾你1(三步指令) …………………………… 65

21. 让我照顾你2(有先后顺序的三步指令) …………… 66

22. 吃点心1(理解大和小) ……………………………… 68

23. 吃点心2(理解多和少) ……………………………… 70

24. 吃点心3(理解长和短) ……………………………… 72

25. 开飞机(理解快和慢) ………………………………… 73

26. 找相同 ………………………………………………… 75

27. 找不同 ………………………………………………… 77

28. 我是小助手1(不同的形状) ………………………… 79

29. 我是小助手2(不同的颜色) ………………………… 80

30. 我是小管家1(颜色分类) …………………………… 82

31. 我是小管家2(名称分类) …………………………… 84

三 表达能力的发展 ……………………………………… 87

32. 藏猫猫(沟通意向) …………………………………… 87

33. 敲铜鼓(模仿发音) …………………………………… 89

34. 画个大圆圈(发音练习) ……………………………… 90

35. 音乐会(发音练习) …………………………………… 92

36. 动物乐园(发音练习) ………………………………… 94

37. 我也这样说(仿说) …………………………………… 96

38. 这是什么(仿说名词) ………………………………… 98

39. 橡皮泥(仿说动词) …………………………………… 99

40. 快乐的一家(仿说形容词) …………………………… 101

41. 你和我(人称代词) …………………………………… 103

42. 让我来表演(双词句) ………………………………… 104

43. 我讲你折(简单句) …………………………………… 107

44. 我讲你做(简单句) …………………………………… 109

45. 我讲你画1(简单句) ………………………………… 110

46. 我讲你画2(完整句) ………………………………… 112

47. 我讲你画3(复杂句) ………………………………… 114

48. 小小讲解员(这是……) ……………………………… 116

49. 小法官(用"是"/"不是"回答问题) …………………… 118

50. 饭店吃饭(提出要求) ………………………………… 120

51. 超市买东西1(用"要"/"不要"回答问题) …………… 122

52. 超市买东西2(提出要求) …………………………… 124

53. 超市买东西3(提问,"你要什么") …………………… 126

54. 超市买东西4(没有) ………………………………… 127

55. 生日派对(简单对话1) ……………………………… 129

56. 今天我当家(简单对话2) …………………………… 131

57. 玩具不见了(回答在哪里) …………………………… 133

58. 这该怎么办(回答怎么办) …………………………… 135

59. 盒子里的玩具(提问,"这是什么") …………………… 136

60. 我当小老师(提问,"这是……吗")……………… 138

61. 捉迷藏(提问,"在哪里")……………………… 140

62. 百宝箱(回答用来干什么)……………………… 142

63. 猜猜是什么(描述一件物品)…………………… 144

64. 游乐园 1(谁在干什么)………………………… 146

65. 游乐园 2(描述人物是否存在)………………… 147

66. 编故事(简单描述事件)………………………… 149

67. 搭积木(用语言表达意图)……………………… 151

68. 发玩具(简单对话 3)…………………………… 153

69. 谁把东西拿走了(观察力,"因为""所以")…… 155

70. 小动物找工作("因为""所以")……………… 157

71. 一起看动画片(描述正在/刚刚发生的事)……… 159

72. 我的一天(简单描述生活事件)………………… 161

73. 上幼儿园(简单描述生活事件)………………… 162

74. 讲故事 1(看故事书讲故事)…………………… 164

75. 讲故事 2(轮流讲故事)………………………… 165

76. 午睡的时候(复述故事)………………………… 167

77. 你要去哪里(元语言)…………………………… 169

78. 打电话………………………………………………… 171

第四部分　资源推荐 ·················· 173
　　一　推荐儿童书 ·························· 174
　　二　推荐家长书目 ······················ 175
　　三　推荐应用软件 ······················ 176
　　四　推荐网站 ···························· 177

参考文献 ·· 178

第一部分

一起来了解儿童的沟通能力

如何 发展自闭谱系障碍儿童的沟通能力

 沟通就是说话吗？

有人曾经问"如果要拿走你生命中所有的能力和拥有的事物，只让你选择留下一样，你会选择留下什么"，被问的人的回答是"沟通的能力"。他说："因为如果我还具备沟通的能力，那我就可以重新学会其他的能力。"

是的，沟通非常重要。说话是我们进行沟通的非常重要的一种方式，但沟通不仅仅是说话。我们可以认为"说话"只是沟通的工具，沟通还可以用其他各种不同的工具来进行，包括我们的身体姿势，我们的面部表情，我们跟他人的距离，还可以包括手势、手语、实物、照片、图片、书面文字等方式。只要你有沟通的意愿，我们每个人都可以进行沟通，一个人可以没有说话的能力，但人人都有沟通的能力！

更多关于沟通、语言、言语的概念区分详见专栏1-1。

> 专栏 1-1

如何理解沟通、语言和言语？

语言、言语和沟通，这几个概念在日常生活中常常是通用的，但在学术文献中则有所区别。语言是以词为基本单位、以语法为构造规则而组成的一种符号系统。言语是利用语言材料和语言规则进行交际活动的过程。沟通则是利用各种传达工具（如口语）或各种媒介（如文字、音乐），以达到相互交换信息的一种过程。在促进儿童发展上，沟通是其中最重要的一个概念，而言语往往只是沟通的工具而已。

沟通可以分为言语沟通和非言语沟通，非言语沟通可分四大类，包括声音、姿势、距离和神情。沟通能力优异的人能够将欲传导的讯息以适当的形式编码（如语言或非语言形式）、视需要与情况调整信息内容，并能监控信息是否成功传导出去，被沟通伙伴接收和理解。威尔（1995）认为沟通具有五大功能，它们分别是（1）表达想法及感觉；（2）传达或摄取知识；（3）控制情境；（4）社会交往；（5）想象。这些功能影响到儿童发展的各个方面，无论是认知、情感还是社会性的发展，都依赖着儿童的沟通能力。

除了说话,我们还可以怎样沟通?

说到沟通,我们首先想到的是说话或交谈,但除了说话以外,我们还拥有许多非常重要的沟通手段,例如眼神、表情、手势、图片、文字等。我们可以通过眼神和表情传达喜、怒、哀、惧等情绪,传达自己的意愿,甚至传达其他更加细微的心理活动。在儿童早期,"用手指去指某个东西"就是一个非常重要的具有认知和沟通意义的动作,这表明了儿童向他人表达"我知道……"或"我想知道……"多种含义。对于一些说话有困难的儿童,手势、图片、文字都是非常有用的沟通工具。

要促进儿童的沟通能力,不仅要关注儿童说话,还要关注儿童是否可以通过其他的方式进行沟通。就说话而言,即使儿童能够说出某些词和句子,也不代表儿童能够运用这些词或句子进行主动沟通。基于这样的思考,有研究者提出了图片交换沟通系统,即帮助自闭症儿童运用图片进行沟通的训练方法,通过训练许多自闭症儿童学会了用图片沟通,并且慢慢地从图片沟通过渡到了语言沟通,详见专栏1-2。

专栏1-2
图片交换沟通系统

图片交换沟通系统（Picture Exchange Communication System，简称PECS）是美国孤独症干预专业人士邦迪（Andy Bondy）和弗罗斯特（Lorri Frost）发展出的一套用于促进自闭症儿童沟通技能的方法，它通过教授自闭症儿童学习使用图片来表达自己的意愿和想法，以此达到沟通的目的。图片交换沟通系统适用于任何年龄的自闭症儿童（杨晓玲等，2007）。PECS的实施共有六个阶段：

第一阶段：训练儿童看到想要的东西时，拿出相应的图片交给成人，表明自己想要这个东西。

第二阶段：教自闭症儿童能够从沟通图册上取下代表特定事物的图片，走向成人并把图片放到成人手中，从而达到表达要求的目的。这个阶段成人要为儿童准备一本沟通图册。

第三阶段：儿童能够在许多图片中找到恰当的图片来表达自己的要求。这个阶段成人要针对儿童的行为进行区别强化，即如果儿童拿到了恰当的图片给成人，成人要给予儿童积极的反馈，如果儿童拿错了图片，成人要及时纠正。

第四阶段：儿童将图片组成句子来表达要求和回答问题。

这个阶段成人可以准备一些字卡来帮助组成句子,如写有"我要＿＿＿＿"的字卡,并配以图片。

第五阶段:请儿童使用图片来描述对象或物体,即帮助儿童练习更多其他的句型,如"我看到＿＿＿＿""我有＿＿＿＿"等。

第六阶段:请儿童使用图片来表达感情。成人准备好一些表示"开心""难过"和"生气"的表情供儿童使用,帮助儿童完成句子"我感到＿＿＿＿"。

自闭症训练领域的许多专家都对PECS在提高儿童沟通技能和语言能力方面的作用给予了很高的评价,有研究表明经过一段时间的训练,那些原本不会说话的自闭症儿童能够通过图片来进行交流,并且部分儿童能够从图片交流慢慢过渡到使用语言为主的接近正常的沟通交流方式(黄伟合,2003)。

如果你还想知道更多,建议阅读:黄伟合《儿童自闭症及其他发展性障碍的行为干预》。

儿童如何学习说话？

虽然我们可以通过其他途径进行沟通，但是说话仍然是人际沟通中非常重要的方式。典型发展的儿童大约从一岁开始牙牙学语，三岁左右可以进行简单对话，到六七岁时就能毫无困难地和别人说话了！儿童是如何在如此短的时间内快速地学会说话的呢？

有研究者认为儿童说话的能力是天生的，只要接收到的词汇量达到一定程度以后就能激发儿童说话的能力，而且儿童学习说话存在关键期，例如两岁是儿童获得词汇的关键期，在这段时间里儿童的词汇量会以惊人的速度增加，因此这一阶段也被称为"语言爆炸期"，如果成人能够利用好儿童语言发展的关键期，为儿童提供适宜的语言刺激，将会达到事半功倍的效果，反之，如果错过了这些关键期，那么就可能要事倍而功半了。

也有研究者认为儿童说话的能力是后天学习而来的，儿童模仿成人说话，成人也鼓励儿童的模仿，通过不断地重复练习，最终学会了说话的规则。举一个例子，儿童看到餐桌上有一颗苹果，儿童指了指苹果，成人告诉儿童"苹果"，儿童说"苹果"，成人表扬了儿童，

发展自闭谱系障碍儿童的沟通能力

并把苹果给了儿童,于是儿童学会"苹果"这个词,后来,成人带儿童经过水果摊,儿童指着苹果说"苹果",成人说"对,这是苹果,你认识苹果了,你真棒!"通过生活中的不断重复练习,儿童习得了这一言语能力。这种观点鼓励成人更主动地参与到儿童的语言学习中去,也鼓励儿童积极地模仿,在不断地尝试和错误中成长。

无论儿童说话的能力是天生的,抑或是后天学习而来的,我们更愿意相信儿童既拥有先天的说话能力,但也需要后天的不断学习。先天的能力有强有弱,但都可以通过后天的努力去弥补和改善,作为教育者,我们更关注环境的力量,更关心的是如何为儿童提供良好的心理环境和语言环境,帮助儿童更有效地学习说话。

更多关于儿童语言发展关键期的内容,请看专栏1-3。

专栏1-3

语言发展关键期

人的某些行为与能力的发展有一定的最佳时期,在此时给以适当的良性刺激,会促使其行为与能力得到更好的发展,反之,则会阻碍其发展甚至导致其行为与能力的缺失,心理学家把这一时期称为"关键期"(桑标,2006)。

儿童在语言发展上也存在着这样的关键期,一般认为1~3岁是儿童口语学习的关键期,而4~5岁是书面语学习的关键

期,具体来看:

- 出生至18个月是儿童语音发展的关键期。
- 18个月至2岁是词汇获得的关键期,出现"词语爆炸"现象。
- 2岁至3岁儿童说话的方式已与成人相差无几。
- 3岁以后开始对书写和阅读感兴趣。

四 你的孩子存在沟通困难吗？

如果儿童存在沟通困难，相信家长一定是最先发现的，而家长通常会发现自己的孩子迟迟不会说话。这的确是一个非常明显的信号，在这里我们还将提供一些其他的信号来帮助您了解儿童是否存在沟通方面的困难，如果存在以下这些情况，请尽快咨询专业工作者。

- 6个月仍对声音没有反应，不会对他人微笑；
- 12个月尚未牙牙学语，也不能用手势表达意图；
- 18个月尚未掌握任何词汇；
- 24个月仍不会说短语；
- 总是避免与他人的眼神接触；
- 总是机械地重复一些无意义的话。

五 是什么阻碍了儿童与他人的沟通呢？

儿童出现语言沟通困难的原因是多种多样的，可能与生理因素有关，可能与不良的环境因素有关，也可能同时受到生理和环境双方面的影响。生理方面，听觉系统、发音机制和中枢神经的异常都会影响儿童沟通能力的发展。

听觉器官的发育是儿童语言发展的先决条件，人耳的构造与它感受声音的能力是相适应的，研究表明，人类发出声音的范围与听觉的范围是相符合的，人耳对语音的各种频率特别敏感，使人有可能感知言语、区别语音的细微差异（张明红，2006）。然而一些有特殊需要的儿童，如自闭症、注意力缺陷/多动症、听觉障碍儿童等，在感受自然环境中的声音时可能存在听觉过敏的现象，即对某些特殊频段的声音异常敏感，或对某些频段的声音无反应。有研究表明，约有40％的自闭症儿童存在听觉过敏的现象（Boddaert，2004）。这种听觉过敏的现象不仅会导致语言障碍，也会引发一些行为问题。儿童的听觉敏感现象可以尝试通过音乐治疗或听觉统合训练的方法加以改善，但是目前这些方法的疗效尚处在观察评估阶段。

健康的发音器官是儿童正常语言表达的基础。构音器官包括呼吸器官、声带、口腔、鼻腔和咽腔。如果发音器官无法正常运作，就会影响儿童的构音，造成构音异常，即无法准确清晰地发音。如果发现儿童存在构音异常，应介入针对性的构音训练。

人类具有异常复杂的脑机制，大多数言语活动都需要不同脑皮质的整合作用。大脑中的几个脑区与言语活动的关系密切，它们是大脑左半球额叶的布洛卡区（Broca's area）——言语运动中枢、颞上回的威尼克区（Wernicke's area）——言语听觉中枢、顶枕叶的角回（angular gyrus）——言语视觉中枢等。如果在这几个脑区受到损伤，那么儿童的语言发展也必然会受到影响。

环境方面，"剥夺"语言环境和过于丰富的语言环境都不利于儿童语言的正常发展，语言环境剥夺有两种情况，一种是儿童自出生以后就在一个缺乏语言刺激的环境中成长，儿童缺乏交流的对象，因而无法发展沟通能力。在儿童福利院等机构可能会出现这种情况，如果寄养的孩子过多，照料者就无法给予儿童足够的关注。此外，聋童由于听力障碍，无法听到语言，接收不到语言刺激，从而影响了他们的语言发展。还有一种情况是养育者的过分宠爱，由于养育者十分疼爱儿童，常在儿童用语言表达出自己的愿望或要求之前，满足了儿童的愿望，从而间接剥夺了儿童学习用语言表达需求的机会。比如，成人总是把玩具放在儿童触手可及的地方，总是把儿童喂得饱饱的，只要儿童做出某个手势，成人能猜到儿童的意图并给予满足。

语言环境过于丰富也是抑制儿童语言发展的一种因素。在儿童语言发展初期，如果同时接受多种语言，会给儿童造成混淆，例如家中同时出现地方方言、普通话，甚至多国外语，如果在这种家庭环境中成长，即使是认知能力很强的儿童，在起初的一段时间内，他的语言发展也要落后于普通儿童，他们需要更多的时间适应，搞清楚对方的意思。但对于认知能力相对薄弱的儿童来说，这样的语言环境将使他们无所适从，无法掌握其中的任何一种语言。因此，为儿童提供一致的语言环境更有利于儿童语言的正常发展。

六 自闭谱系障碍儿童的沟通行为有哪些特点？

自闭谱系障碍是一种广泛性发展障碍，沟通困难是自闭谱系障碍儿童的核心障碍之一。这些儿童大多不会使用手势、表情、眼神等方式与他人沟通，他们说话的时候不懂得如何控制语音语调，有时好像只是在重复曾经听到过的话，难以灵活地运用语言，有些儿童甚至几乎不会说话。

自闭谱系障碍儿童中相当一部分儿童的智力受到损伤，这使得他们的语言发展较普通儿童有所迟缓，但单纯智力障碍儿童的沟通能力比自闭症儿童还要好些，这可能与自闭症儿童难以理解他人所想有关。他们不懂得为什么同一个词语或短句可以出现在不同的场景中，甚至表达不同的意义。他们学习语言大多依靠机械记忆，而并非完全理解了语言的社会意义。

更多关于自闭谱系障碍儿童语言特点详见专栏 1-4。

> 专栏1-4

自闭症儿童语言的特点

自闭症儿童的言语表达总体而言比较刻板贫乏、缺乏灵活性、不善于与他人交谈并维持对话,具体表现出以下一些特征(曹倩璐,2008):

1. 没有语言

自闭症儿童的口语发展较普通儿童有所延迟,其中有部分自闭症儿童几乎完全丧失语言能力。

2. 即时性回声性语言

在回答问题时常鹦鹉学舌般地重复方才听到的话,如听到别人说"你好吗",儿童也跟着说"你好吗",但这并不代表儿童真的了解这句话的意思。

3. 延迟性回声性语言

重复以前听到的某些字、成语、句子、整首诗或歌曲,通常模仿说话人的口音。这种重复有时是毫无意义的,比如自闭症儿童常常喜欢重复电视广告的广告语。但另一些情况下,这些重复是带有沟通功能的,如儿童说"你要不要喝水",他的实际意思是"我想要喝水"。

4. 奇异新词的杜撰与使用

自闭症儿童有时会使用自创的语言（如缩短句子）来表达个人的意思。所以，除了身边熟悉的人之外，其他人实在无法了解其语言的意思，因而觉得非常古怪。

5. 人称代词的错用和避用

自闭症儿童常常混淆人称代词，误把自己称呼为"你"，而把别人称为"我"，由于人称代词需要根据说话人的不同而进行转换，自闭症儿童却难以搞明白这其中的规则，因而总是混用"你"和"我"，这也可以看出自闭症儿童更擅长语言记忆而非语言理解。

6. 不懂如何控制声调、音调及语调

具有会话能力的自闭症儿童说话时断断续续，十分机械化，无法经由语音的音调、节奏、抑扬顿挫来表现情绪或感受。此外，说话的音量应依情况不同及外在的环境而调整，如在图书馆与游乐场中的说话音量便应有所区别，自闭症儿童常无法因情境调音量，因而构成人际沟通时的障碍。

怎样提高儿童的沟通能力？

对于如何提高儿童的沟通能力，专家们可能会根据不同儿童的特点给出不同的建议，但总体上，创造良好的语言环境、鼓励儿童表达总是有益的，尤其在儿童年幼时，对其语言发展的影响更大。具体来说，成人可以统一家里人所使用的语言或方言，多和儿童说话，在自然的生活环境中教儿童说话，鼓励并创造机会让儿童说话，关注并赞扬儿童的表达，让儿童感受到沟通的积极作用。

有研究表明，与那些说话很少受到父母鼓励、父母说话的内容和语气也没多大变化的儿童相比，如果父母经常鼓励儿童说话，并在和儿童做游戏、讲故事及其他与儿童相处的时候说很多有趣的话，那么这些儿童在语言发展上的进步要明显大于前者（Shaffer, 2005）。

有研究者提出了一种叫做"相互反应的学习"的教育方法，其中指出了几条切实可行的帮助儿童提高沟通能力的策略，详见专栏1-5。

如何 发展自闭谱系障碍儿童的沟通能力

> **专栏1-5**
>
> ### 相互反应的学习
>
> 相互反应的学习（INREAL）是一种应用于各种不同年龄阶段、不同语言障碍儿童的自然主义的教育手段（Weiss, 1981）。该方法确认了七条促进学习和交流的谈话策略。
>
> **1. SOUL**
>
> S. O. U. L.〔silence（沉默）、observation（观察）、understanding（理解）、listening（倾听）四个单词的首字母缩写〕是与儿童成功地进行交流的关键。成人必须通过保持沉默来观察和理解儿童的动作、言语和非言语行为。通常，成人只是单向地对儿童说话，而不是同儿童交谈。
>
> **2. 映射**
>
> 映射是通过真诚的"谈话"参与和反射儿童的非言语表达行为。例如，如果儿童晃手，成人也晃手，成人就"映射"了儿童。这个技术帮助成人与儿童建立一种关系，与儿童进行非言语的交流，这种非言语交流包含了轮流和做出反应两个过程。
>
> **3. 自我交谈**
>
> 成人把自己正在做什么，想什么和此时的感觉全部描述出来，如说"妈妈把你抱起来了""妈妈现在很开心"等。自我交谈能够帮助儿童建立语言与动作、语言与事件之间的联系。

4. 并行交谈

成人描述儿童的动作、思想和情绪,如"你很高兴""你在跳跃"等。这项技术也是帮助儿童建立语言与动作、语言与事件之间的联系的。

5. 言语/授予监测与回应(VMR)

成人倾听儿童讲话,然后向孩子重复一遍,成人也可以用正确的话重复儿童说错的话。VMR可以使儿童知道他已经在与人进行交流,并鼓励儿童谈话。

6. 扩充

成人倾听儿童讲话,在回答时,对儿童的话进行补充,如儿童说"妈妈,看,一辆救火车",妈妈就说"是的,一辆救火车,一辆红色的大救火车"。

7. 示范

成人倾听儿童讲话,然后用成人的语言进行转换,示范正确的说法,在谈话的过程中保持或展开儿童的话题。

如果你还想知道更多,建议阅读:托尼·林德尔(Toni W. Linder)《在游戏中发展儿童——以游戏为基础的跨学科儿童干预法》。

第二部分

看看你的孩子的发展水平

初生的婴儿对这个全新的世界充满了好奇,他们拥有天生的沟通倾向。在儿童早期成长的这几年里,他们的沟通能力经过了几个重要的阶段,一些沟通行为的出现对儿童沟通能力的发展具有里程碑式的意义,例如:

- 10个月左右,婴儿会说出第一个有意义的单词,这是婴儿语言发展过程中最为重要的一个里程碑;
- 1岁至1岁半的幼儿出现单词句,即用一个单词表示一个句子,如幼儿说"球",其实际意义是"我想玩球";
- 1岁半至2岁的幼儿在语言发展上出现了"词语爆炸现象",他们好像突然之间能说出大量的词语;
- 2岁左右,幼儿开始能够表达简单句,如"宝宝吃糖糖";
- 2岁至2岁半的幼儿开始学习使用一定数量的简单修饰语,如"两个娃娃玩积木";
- 3岁左右的幼儿说话已不限于此情此景了,他们还能说一些曾经发生的、不在眼前的事情,比如刚才在公园里玩耍的事情。
- 4~5岁的儿童能够和成人自由交谈,他们能听懂内容较复杂的故事、能续编故事、看图进行创造性讲述,以及进行各种类型的构图讲述。

儿童沟通能力的发展具有很大的个体差异,同时也与环境密切相关,一般而言,我们可以从以下三个方面来初步评估我们的孩子的沟通的发展水平：首先是"准备好了吗？"用于了解儿童的口腔是否做好了准备；其次是"理解能力的发展"，用于了解儿童对语言及外部世界的理解能力；最后是"表达能力的发展"，用于了解儿童表达意图的能力。成人可以对照下表中儿童在相应年龄阶段能够表现出的沟通行为来评估目前儿童沟通能力所处的发展水平，并选择相应的游戏活动来发展儿童的沟通能力。在评估的时候，如果发现孩子与他相应年龄阶段所应表现出的行为有所出入，也无需过分担忧，因为每个孩子的发展有先有后，但如果在本书第二部分的表格中出现了标注了"要注意咯"的情况时，建议您及时咨询医生和儿童教育的专业工作者。

如何 发展自闭谱系障碍儿童的沟通能力

 准备(口腔练习)

在练习说话之前,我们要了解一下儿童的口腔是否做好了准备,如果儿童存在发音不清的问题,那么可以通过以下几个活动加以改善。推荐活动/游戏部分请参见本书第三部分。

表 2-1 儿童口腔运动能力发展对照表

领域	一般孩子会……	推荐活动/游戏
0~6个月	● 能吸吮、吞咽(舌头上下活动、缩回) ● 勺子伸向婴儿时,能张口	喂食时可以多关注
6~12个月	● 颌部能上下运动 ● 舌头能向两侧横向运动	1. 舔一舔
1~2岁	● 能自己用杯子喝水,很少发生呛咳噎塞 ● 咀嚼和吞咽固体食品,能够持续地咬住东西,颌部能配合咬、松口 ● 咀嚼时嘴闭上,不漏出食物和唾液	2. 亲亲宝贝 3. 吹泡泡
2~3岁	● 能将食物从口内一侧送到另一侧	4. 小哨兵

二　理解能力的发展

我们将沟通能力分为理解和表达两个部分,"理解"主要是儿童对他人沟通行为的理解,例如儿童是否能够明白并听从成人的指令。通常来说儿童所理解的要比他所表达的更多。推荐活动/游戏部分请参见本书第三部分。

表 2-2　儿童语言理解能力发展对照表

领域	一般孩子会……	推荐活动/游戏
0~6个月	● 当听到轻音乐、人的说话声时会安静下来 ● 与陌生人的声音相比,更喜欢母亲的声音 ● 能区别别人说话的口气,受到批评会哭 **要注意咯!** ● 对大的声音没有反应 ● 不能转头找到发出声音的来源	对儿童微笑、说话
6~9个月	● 听见自己的名字有反应 ● 知道一些熟悉事物的名称 ● 能听懂成人的一些话,如听到"妈妈"这个词时将头转向妈妈、听到"不"这个词时停下来 **要注意咯!** ● 对新奇的声音或不寻常的声音不感兴趣	6. 我的名字

续表

领域	一般孩子会……	推荐活动/游戏
9~12个月	● 能分清自己环境中的每个人 ● 理解一些简单的指令,如"把……给我""拍手""再见"等 **要注意咯!** ● 不能根据简单的口令做动作,如"再见"等	7. 打地鼠 8. 谁来了 9. 给我看一看 10. 整理玩具 11. 和玩具说再见
12~18个月	● 能对面部表情作出反应 ● 喜欢听儿歌、故事 ● 能听懂和理解一些话,听成人的指令能指出书上相应的东西 ● 能够跟着成人的指点,自然地注视物体	12. 拍拍与敲敲 13. 这样做 14. 小小指挥棒1 15. 小小指挥棒2
18~24个月	● 能手口一致说出身体各部位的名称 ● 知道并运用自己的名字,如"宝宝要" ● 喜欢童谣、歌曲、短故事和手指游戏 ● 理解物体之间的关系,如"打开"和"盒子"的关系 ● 理解一般疑问句,如"要不要吃苹果" ● 按要求完成两步指令,如"捡起卡片放到盒子里" **要注意咯!** ● 对一些常用词不理解 ● 不能用"是"或"不是"回答简单的问题	5. 猫捉老鼠 16. 开火车 17. 会飞的小人1 18. 会飞的小人2 19. 搬运工
2~3岁	● 理解表示所有关系的词,如"我的""你的"和"他的" ● 喜欢有人给自己讲故事,能一页一页地翻书并假装在"读书" ● 认识物体间的共同点、对事物进行简单分类,如把衣服和鞋子分开 **要注意咯!** ● 不能根据一个特征对熟悉的物体分类,如把吃的东西和玩具分开	20. 让我照顾你1 21. 让我照顾你2 22. 吃点心1 23. 吃点心2 24. 吃点心3 25. 开飞机

续表

领域	一般孩子会……	推荐活动/游戏
3～4岁	● 按要求完成多步指令 ● 能按"吃的""穿的""用的"将物品分类 ● 理解简单的问题,如"哪里""为什么""什么""谁" ● 理解时间概念,如"在……前""在……后" ● 理解以身体为参照的方位词,如"左边""右边" ● 认真听适合年龄的故事,喜欢看书 **要注意咯!** ● 听不懂别人说的话	26. 找相同 27. 找不同 28. 我是小助手1 29. 我是小助手2 30. 我是小管家1 31. 我是小管家2

三 表达能力的发展

在沟通能力中,"表达"也许是我们最为关注的,"表达"建立在"理解"的基础上,但更能够体现沟通的功能。"表达"又可以分为"主动的表达"和"被动的表达","被动的表达"其实是回应他人的沟通行为,而"主动的表达"则是主动与他人沟通。我们往往先从"被动的表达"切入,逐渐引导儿童主动表达。推荐活动/游戏部分请参见本书第三部分。

表 2-3 儿童语言表达能力发展对照表

领域	一般孩子会……	推荐活动/游戏
0~3 个月	● 看见熟人会微笑 ● 会哭叫、笑出声,能应答性发声 ● 用不同的哭声表达不同需求	
3~6 个月	● 发出清晰的元音,如/a/、/e/、/o/、/i/、/u/等 ● 将辅音和元音结合起来牙牙学语,如/ba/、/pa/、/ma/ ● 喜欢别人和自己说话 要注意咯! ● 不能对别人微笑	32. 藏猫猫

续表

领域	一般孩子会……	推荐活动/游戏
6~12个月	● 增加了/k/、/g/、/t/、/d/等音 ● 使用讲话声而非哭闹声取得并保持关注 ● 会用面部表情、手势、单词与成人交流，如用手指向玩具表明他要玩玩具 ● 能够使用1、2个有意义的单词 ● 能模仿叫"爸爸""妈妈" **要注意啦!** ● 不会模仿简单的声音	33. 敲铜鼓 34. 画个大圆圈 35. 音乐会 36. 动物乐园
12~18个月	● 能掌握约50个词汇量 ● 能用一两个字表达自己的意愿 ● 能使用短句和动作回答别人的问话，如说"要玩""打开""不要""再见" **要注意啦!** ● 不试着讲话或者重复词语	37. 我也这样说 38. 这是什么 39. 橡皮泥
18~24个月	● 会说三个字的短句 ● 能使用短句和动作询问有关信息，如指着盒子说"什么" **要注意啦!** ● 对简单的问题，不能用"是"或"不是"回答	40. 快乐的一家 41. 你和我 42. 让我来表演 43. 我讲你折 44. 我讲你做
2~3岁	● 能说出图画书上东西的名称 ● 能比较准确地使用"你""我""他" ● 能说出6~10个词的句子 ● 能提出话题、引出一个简短的对话 ● 能和他人轮流数次、进行简短的对话 ● 能使用有礼貌的话语，如"请""谢谢" **要注意啦!** ● 不能提问 ● 不能指着熟悉的物品说出它的名称 ● 不能说2~3个字的句子	45—46. 我讲你画1—2 47. 小小讲解员 48. 小法官 49. 饭店吃饭 50—54. 超市买东西1—4 55. 生日派对 56. 今天我当家 57. 玩具不见了 58. 这该怎么办 59. 盒子里的玩具

续表

领域	一般孩子会……	推荐活动/游戏
3～4岁	● 知道应该轮到对方说话 ● 能使用直接的请求,如"我可以吗""你能吗"等 ● 问越来越多的问题,如"是什么""为什么"等 ● 能简单讲述看到的发生的事情 **要注意咯!** ● 不能说出自己的名字和年龄 ● 不能说3～4个字的句子	47. 我讲你画3 60. 我当小老师 61. 捉迷藏 62. 百宝箱 63. 猜猜是什么 64—65. 游乐园1—2 66. 编故事
4～5岁	● 能回答"谁""为什么""多少"等问题 ● 能说比较复杂的话,如"我还没看清楚猫的颜色,它就跑过去了" ● 能比较清楚地表达自己的意愿 ● 在和比自己年龄小的孩子讲话时会调整自己的语言 **要注意咯!** ● 不能说出自己的全名 ● 说出的话别人听不懂	67. 搭积木 68. 发玩具 69. 谁把东西拿走了 70. 小动物找工作 71. 一起看动画片 72. 我的一天 73. 上幼儿园 74—75. 讲故事1—2
5～6岁	● 能使用大多数句型 ● 能边看图画,边讲熟悉的故事 ● 能正确地转告简短的口信,能接电话 ● 类似于成人的谈话,轮换十几次仍能围绕同一个话题 **要注意咯!** ● 不能安静地听完5～7分钟的小故事	76. 午睡的时候 77. 你要去哪里 78. 打电话

第三部分

让我们一起来促进
儿童沟通能力的发展

如何 发展自闭谱系障碍儿童的沟通能力

 准备（口腔练习）

1. 舔一舔

我们为什么这样做？

说话时需要舌头的帮助，舌头的灵活运动能够保证儿童准确发音，这个活动的目标是让儿童能够伸出舌头上下左右自如地移动。

儿童需要准备的

儿童需要具备一定的动作模仿能力。

成人需要准备的

成人可以准备一些棒棒糖、小棒饼干、果酱等儿童喜欢的食物。

开始玩吧！

- 成人拿出两根棒棒糖，一根放在儿童面前，一根放在自己面前。

- 伸出舌头舔一舔面前的棒棒糖,用夸张的语调说"哇!好甜"。请儿童也伸出舌头来舔一舔,如果儿童做出了正确的反应,成人对儿童微笑,说"你真棒"。
- 成人向上移动棒棒糖的位置,舌头伸出向上舔一舔棒棒糖,请儿童也这么做。
- 成人依次向左、向右、向下移动棒棒糖的位置,重复上述过程。
- 成人随机移动棒棒糖的位置,请儿童用舌头寻找棒棒糖来舔一舔。

我们还可以这样玩!

- 成人不一定要使用棒棒糖,还可以用小棒饼干蘸取果酱让儿童来舔,或者使用其他儿童喜欢又方便拿着的食物。
- 成人还可以在儿童嘴唇的周围涂上一些果酱,让儿童伸出舌头来舔。
- 在吃饭的时候,如果儿童嘴巴边沾到了食物,可以请儿童试着用舌头来舔。

🔔 特别要注意的事情

- 成人准备的食物最好是儿童特别喜欢的,并且在平时应当限制儿童食用,以便在练习时达成较好的效果。

如何发展自闭谱系障碍儿童的沟通能力

掌握了吗?

- 如果儿童的舌头能跟随目标食物上下左右移动,就达成目标了!

2. 亲亲宝贝

我们为什么这样做?

说话的时候也需要嘴唇来帮忙控制声音,这个活动的目标是让儿童能做到撅嘴和抿嘴唇两个动作。

> **儿童需要准备的**
>
> 儿童需要具备一定的动作模仿能力。
>
> **成人需要准备的**
>
> 无特定活动材料,成人可以用夸张些的语言和表情来吸引儿童。

开始玩吧!

- 成人向儿童做出声的吻,发出"姆——妈"的声音,然后指一指自己的脸颊,请儿童也这样亲亲自己。
- 如果儿童的动作不正确,成人可以放慢动作,和儿童一起做,如果儿童做出了正确的反应,成人对儿童微笑,拥抱儿童。

- 成人指一指自己的嘴巴,示意儿童看,然后撅起嘴巴,亲亲儿童的额头,然后指一指自己的额头,请儿童也这样亲亲自己。
- 当儿童熟悉这两个动作以后,成人可以随机地和儿童轮流做这两个动作。

我们还可以这样玩!

- 成人可以和儿童一起看着镜子做亲吻的动作。
- 儿童也可以在自然情境中学习和使用这两个动作,比如在儿童临睡前成人亲吻儿童,也请儿童亲吻自己。

🔔 特别要注意的事情

- 成人让儿童注意看自己的嘴巴,必要时可放慢动作,以便儿童模仿。
- 建议在恰当的生活情境中来进行这个活动。

掌握了吗?

- 如果儿童能够抿嘴做出声吻和撅嘴的动作,就达成目标了!

3. 吹泡泡

我们为什么这样做?

说话的时候对气息的控制也很重要,这个活动的目标是让儿童能够稳定地向水中吹气持续5秒以上。

如何 发展自闭谱系障碍儿童的沟通能力

儿童需要准备的

儿童需要具备一定的模仿能力。

成人需要准备的

两根吸管和半杯白开水。

开始玩吧!

- 成人把半杯白开水放在儿童面前,将吸管放入杯中向内吹气。
- 将另一根吸管给儿童,请儿童向水中吹气。
- 如果儿童不理解,成人可以将儿童的手放在自己的嘴巴前,让儿童感受到吹出来的气流。
- 当儿童熟悉这个活动后,成人可以和儿童一起吹,比赛看谁吹得久。

我们还可以这样玩!

- 带儿童户外玩耍时,可以和儿童玩吹泡泡的活动,儿童看到飘在空中的泡泡会很开心,尝试让儿童吹吹看。
- 成人还可以和儿童吹风车、羽毛等,帮助儿童体验吹出的气流对外界的作用力。

🔔 **特别要注意的事情**

- 向水杯中吹气时,建议使用烧开并冷却后的白开水,因为儿童可能用吸管喝水,开始时可以少放一些水。
- 注意提醒儿童控制好自己的力气,要用一些力,但不能太用力。

掌握了吗?

- 如果儿童能稳定地向水中吹气持续5秒,就达成目标了!

图 3-1

注:成人还可以和儿童吹风车帮助儿童体验吹出的气流对外界的作用力。

4. 小哨兵

我们为什么这样做?

　　能够自如地控制气息对说话很重要,这个活动的目标是让儿童能够学会吹哨子。

如何 发展自闭谱系障碍儿童的沟通能力

儿童需要准备的

儿童需要具备一定的模仿能力。

成人需要准备的

两只彩色的小哨子。

开始玩吧！

- 成人拿出两只小哨子，让儿童挑选一个喜欢的，另一个留给自己用。

- 示范吹小哨子，引起儿童的兴趣，请儿童用自己的试一试。

- 成人和儿童轮流吹哨子，即成人吹一下，再请儿童吹一下。

- 开始时儿童可能吹不响，或吹不长，成人以鼓励为主，成人也可以吹得轻一点，或时间短一点。

- 随着多次练习，成人可以逐渐吹得响一点，时间也长一点，引导儿童也这样做。

我们还可以这样玩！

- 当儿童熟悉了这一过程，也能吹得比较好的时候，成人还可以示范吹一些节奏，引起儿童的兴趣，请儿童模仿。

- 成人可以准备两辆小车，一辆代表儿童，一辆代表自己，吹响哨子就可以开动一步，比赛谁先到终点。

🔔 **特别要注意的事情**

- 成人可以用夸张的表情,或吹一些节奏,引发儿童的兴趣。
- 在开始时成人要鼓励儿童,有时自己也可以假装吹不好。

掌握了吗?

- 如果儿童能够持续吹响哨子5秒钟,就达成目标了!

图 3-2

发展自闭谱系障碍儿童的沟通能力

二 理解能力的发展

5. 猫捉老鼠（视线接触）

我们为什么这样做？

沟通的第一步是儿童与成人可以有视线的接触，这个活动的目标是让儿童能做到与他人目光对视保持5秒以上。

儿童需要准备的

儿童需要具备一定的规则理解能力和装扮游戏能力。

成人需要准备的

无特定活动材料，在相对安静的环境内，成人可以用夸张些的语言和表情来吸引儿童。

开始玩吧！

- 成人假扮猫咪，儿童假扮老鼠，说"猫抓老鼠了，老鼠看猫"。

- 要求儿童的眼睛看向成人的眼睛,如果儿童的眼睛没有看向成人的眼睛,成人就可以把儿童一把捉住,"老鼠不看猫,猫抓住老鼠了"。
- 肢体协助儿童目光转向成人,说"老鼠看到猫,老鼠跑了"。
- 如果儿童的眼睛看向成人的眼睛,成人就放开儿童,对儿童微笑,说"老鼠跑掉了"。
- 当儿童熟悉这个游戏后,成人可以和儿童交换角色,即请儿童来捉成人,当成人看向儿童的时候,儿童不可以捉成人,当成人故意看向别处时,儿童可以来捉住成人。

我们还可以这样玩!

- 成人和儿童不一定要扮演猫和老鼠,而可以根据儿童的经验和能力进行调整,只要让儿童理解"如果不看向成人就会被抓"这个游戏规则即可。
- 可以在儿童有需求的时候,要求儿童先有目光的接触,才给予相应的回应。

🔔 特别要注意的事情

- 在游戏中成人可以多次提醒儿童游戏规则,尤其是在刚开始的时候,必须使儿童理解游戏规则,游戏才能顺利进行。
- 成人可根据儿童的能力适当调整抓住儿童和被儿童抓住的频率,提高儿童对该游戏的兴趣。

掌握了吗？

- 如果儿童能与成人的目光接触超过5秒钟，就达成目标了！

6. 我的名字（听到名字有反应）

我们为什么这样做？

应答是基本的沟通行为，这个活动的目标是当儿童听到成人叫唤自己的名字时会停下手头上的事情看向成人。

儿童需要准备的

儿童需要具备正常的听力并且知道自己的名字。

成人需要准备的

与生活情境相结合，无特定活动材料。

开始玩吧！

- 在儿童独自玩耍时，成人叫唤儿童的名字，观察儿童是否有反应；
- 如果儿童没有看向成人，继续自顾自地玩耍，成人可以再次叫唤儿童的名字；
- 几次尝试后，儿童依然没有反应，成人可以走到儿童的面前拍拍儿童，同时喊儿童的名字，请儿童看向自己。

我们还可以这样玩!

- 成人可以多利用自然的生活情境来叫唤儿童,如儿童在玩耍时,成人可以叫唤儿童来吃点心;当吃饭时间到了,成人可以叫唤儿童来吃饭,等等。

🔔 特别要注意的事情

- 开始时成人可以在儿童身边叫唤儿童,要求儿童看向自己,然后可以在房间的另一边叫唤儿童,最后可以在儿童看不见的地方叫唤儿童,如此循序渐进地进行。
- 儿童可能有多个小名,与儿童沟通时最好选择一个常用的,以免使儿童造成混淆。
- 平时成人多利用机会喊儿童的名字,帮助儿童将名字与自身联系起来,当儿童叫唤成人时,成人也要及时应答。

掌握了吗?

- 如果儿童听到成人叫唤自己的名字时会停下手头上的事情看向成人,就达成目标了!

7. 打地鼠(启动注意)

我们为什么这样做?

当儿童和成人共同注意同一件事情时,沟通才能顺利进行,这

如何 发展自闭谱系障碍儿童的沟通能力

个活动的目标是让儿童注意到成人所指的事物。

儿童需要准备的

儿童需要具备一定的指令听从能力,认识一些日常用品。

成人需要准备的

成人需要准备一些儿童感兴趣的图片,如蛋糕、布娃娃、小车等。

开始玩吧!

- 成人在儿童面前放上2~3张图片,随机选择其中一张,比如选择小车,就说"小车来了,拍拍小车"。
- 要求儿童用小手拍拍小车的图片,如果儿童没有拍小车,成人可以示范自己拍,也可以握着儿童的手拍小车。
- 如果儿童拍了小车,成人对儿童微笑,说"你真棒!小车送给你",然后把小车的图片放到儿童一边。
- 成人拿出其他图片替补小车的位置,重新开始新一轮的游戏。
- 当儿童熟悉这个游戏后,成人也可以请儿童来说"拍拍什么",让成人来拍拍。

我们还可以这样玩!

- 成人可以根据儿童的能力增加图片的数量。

- 除了"拍拍"以外,成人还可以请儿童用手指来指、用小棒敲敲等。
- 在日常生活中,成人也可以请儿童指一指身边的事物,这对儿童的沟通能力和认知发展都有帮助。

🔔 特别要注意的事情

- 在游戏中如果儿童没有马上做出正确的反应,成人可以先等一等,再用手势或语言提示儿童。
- 成人可以调整发出指令的速度、调整说话的语气,以此来吸引儿童的注意力。

掌握了吗?

- 如果儿童能够连续 5 次独立作出正确的反应,就达成目标了!

8. 谁来了(注意保持)

我们为什么这样做?

  能够对某个事件保持一定时间的注意是维持沟通的前提,这个活动的目标是让儿童能够等待 5 秒以上。

发展自闭谱系障碍儿童的沟通能力

> **儿童需要准备的**
>
> 儿童需要具备一定的动作模仿能力和装扮游戏能力。
>
> **成人需要准备的**
>
> 准备一些儿童喜欢的小动物、卡通人物的图片,或人偶、娃娃等。

开始玩吧!

- 成人将娃娃藏在身后,做敲门的动作,说"笃笃笃,有人敲门,看看谁来了",请儿童开门。

- 要求儿童用双手做出开门的动作,如果儿童不会做,成人可先做示范,或用肢体协助儿童完成。

- 成人疑惑地问,"门开了,是谁呢?"等待一会儿,从身后将娃娃拿出送到儿童面前,用夸张的语气说,"哇,你看!是娃娃来了"。

- 让儿童把娃娃请回家,儿童接过娃娃,把娃娃放在旁边休息。

- 成人准备好新的卡通人物放在身后,重复上述过程,根据儿童的等待情况,调整等待时间。

我们还可以这样玩!

- 成人可以根据儿童的能力水平,在活动中增加儿童的语言表达。

- 可以在儿童有需求的时候,故意放慢动作,让儿童等待一会儿,再满足儿童的要求。

🔔 **特别要注意的事情**

- 使用儿童喜欢的卡通人物能够提高儿童的注意力,夸张的表情和语气能够使活动更有趣。

掌握了吗?

- 如果儿童能安静地等待 5 秒钟,就达成目标了!

9. 给我看一看(分享注意)

我们为什么这样做?

分享是一种重要的沟通行为,能够让儿童关注到他人,这个活动的目标是儿童能将物品递给成人看。

> **儿童需要准备的**
> 儿童需要具备一定的指令听从能力,认识一些日常用品。
>
> **成人需要准备的**
> 一些儿童熟悉和感兴趣的图片(或物品)。

开始玩吧!

- 在儿童面前放 3~5 件儿童喜欢的图片,如蛋糕、小汽车、小狗的图片。

- 选择其中一张图片,假设选择的是小汽车,成人伸出手对儿童说"给我看看小汽车好吗"。请儿童挑选出小汽车,并递给成人。
- 开始时成人可以提示儿童,用手指图片,或用肢体协助儿童将图片放到自己手上,然后逐渐撤销辅助。
- 如果儿童完成了相应的动作,成人对儿童微笑,说"谢谢"。
- 成人将图片还给儿童,重新开始新一轮的游戏。

我们还可以这样玩!

- 成人可以准备有关食物的图片或物品,如对儿童说"给我吃一口苹果好吗",请儿童将"苹果"递给自己,成人假装吃苹果,说"谢谢,真好吃"。
- 成人也可以请儿童把物品拿给除自己以外的其他成人看,如可以对儿童说"给奶奶看看好吗",请儿童将物品拿给奶奶看。
- 建议在生活中也为儿童创造这样的机会,请儿童给自己递东西,在儿童玩玩具时,让儿童把喜欢的玩具与他人分享。

🔔 **特别要注意的事情**

- 儿童可能会顺利完成要求,但眼睛没有看向成人,如果出现这样的情况,成人注意提醒儿童在给自己递东西时要看着成人。

掌握了吗?

- 如果儿童能连续 5 次独立作出正确的反应,就达成目标了!

10. 整理玩具(把……给我)

我们为什么这样做?

理解成人的指令并做出正确的反应是一种重要的沟通行为,这个活动的目标是当成人对儿童说"把……给我"时,儿童能正确做出反应。

> **儿童需要准备的**
>
> 儿童需要具备一定理解能力,认识一些日常物品。
>
> **成人需要准备的**
>
> 在相对安静的环境内,一些儿童常用的物品和玩具。

开始玩吧!

- 在和儿童游戏过后,请儿童帮助自己一起收拾玩具。
- 伸出手对儿童说"把……给我",如果儿童没有把相应的物品递给自己,成人可以用手指一指这件东西,重复刚才的指令。
- 如果儿童还是没有完成相应的动作,那么成人可以把这件物品放到儿童手中,请儿童递给自己。
- 当儿童正确完成相应的动作后,成人对儿童微笑说"谢谢你"。

我们还可以这样玩！

- 在日常生活中,成人也可以多让儿童给自己递东西。
- 如果儿童能够顺利完成"把……给我"的指令,成人还可以利用类似的情境请儿童完成"把……放到……"的指令。

🔔 特别要注意的事情

- 当儿童理解指令存在困难时,成人可以利用手势和肢体动作来提示,然后再逐渐撤销提示。

掌握了吗？

- 当成人对儿童说"把……给我"时,如果儿童总能做出正确的反应,就达成目标了！

11. 和玩具说再见（理解再见）

我们为什么这样做？

"再见"是生活中常用的礼貌用语,这个活动的目标是有人离开时能看着对方说"再见",并且做出再见的手势。

> **儿童需要准备的**
>
> 儿童需要具备一定的动作和发音模仿能力。
>
> **成人需要准备的**
>
> 在相对安静的环境内,一些儿童常用的物品和玩具。

开始玩吧!

- 游戏结束成人将玩具放入收纳盒时,说"玩具回去休息了,和玩具说再见",请儿童对玩具做出再见的手势,并说"再见"。
- 如果儿童存在困难,成人可以先做示范,或用肢体辅助儿童完成,当儿童熟悉这个动作以后,逐渐减少提示和辅助。
- 如果儿童完成了相应的动作,成人对儿童挥手说"再见"后,将玩具放入收纳盒中。
- 以同样的方式对其他玩具说"再见"。

我们还可以这样玩!

- 除了儿童的玩具,要拿走其他生活用品时,也可以请儿童和它说"再见"。
- 在日常生活中,当有人离开时,成人也要求儿童对对方挥手说"再见"。

🔔 特别要注意的事情

- 如果儿童向对方挥手说再见时眼睛没有看向对方,成人要提示儿童对人说再见时要看向对方。

掌握了吗?

- 有人离开时如果儿童能够看着对方说"再见",并且做出再见的手势,就达成目标了!

12. 拍拍与敲敲（模仿动作）

我们为什么这样做？

儿童通过模仿来学习，事实上模仿不仅仅是一种学习方式，也是一种沟通行为，这个活动的目标是让儿童能够模仿成人的简单动作。

> **儿童需要准备的**
>
> 儿童需要具备一定的观察模仿能力和动作能力。
>
> **成人需要准备的**
>
> 无特定活动材料，在相对安静的环境内，成人可以用夸张些的语言和表情来吸引儿童。

开始玩吧！

- 成人用手拍一下桌面，说"拍"。请儿童也这么做。
- 如果儿童完成了相应的动作，成人对儿童微笑说"真棒"。如果儿童没有这么做，成人可以用肢体辅助儿童完成。
- 成人用手拍两下桌面（也可两手交替拍），说"拍拍"。请儿童也这么做。
- 当儿童熟悉这个过程后，成人可以变换拍的次数和节奏，请儿童模仿。

- 当儿童掌握拍的动作后,成人伸出食指敲一下桌面,说"敲",重复上述过程。

- 当儿童掌握敲的动作后,成人可交替出现拍或敲的动作,请儿童模仿。

我们还可以这样玩!

- 成人可以准备一个盒子,假装和儿童玩敲鼓,说"咚咚咚"。

- 当儿童熟悉活动过程后,成人可以和儿童交换角色,即请儿童来拍或者敲,由成人来模仿。

🔔 特别要注意的事情

- 在游戏中成人要提醒儿童和自己做一样的动作。

- 成人可根据儿童的能力适当调整拍或敲的节奏和难度,用夸张的语言和表情吸引儿童的注意。

掌握了吗?

- 如果儿童能连续 5 次以上正确模仿成人的动作,就达成目标了!

13. 这样做(模仿动作)

我们为什么这样做?

通过模仿动作儿童可以学到很多沟通行为,而模仿本身也是一种沟通，这个活动的目标是让儿童能够模仿成人的动作。

> **儿童需要准备的**
>
> 儿童需要具备一定的观察模仿能力和动作能力。
>
> **成人需要准备的**
>
> 无特定活动材料，在相对安静的环境内，成人可以用夸张些的语言和表情来吸引儿童。

开始玩吧！

- 成人说"这样做——飞啦"，双手张开做出飞翔的姿势，要求儿童也这样做。
- 如果儿童完成了相应的动作，成人对儿童竖起大拇指，微笑说"真棒"。
- 如果儿童没有这么做，成人可以用肢体辅助儿童完成，当儿童做到了相应的动作，成人微笑着对儿童说"对了，真棒"。
- 成人说"这样做——小花"，快速下蹲做出小花的样子，要求儿童也这样做。
- 成人可以根据儿童的兴趣做出各种动作，请儿童也"这样做"，当儿童熟悉这个游戏后，成人可以和儿童交换角色，即请儿童来做动作，成人来模仿。

我们还可以这样玩！

- 成人在日常生活中也可以常常模仿儿童的动作，并对儿童的动作做一些改变,再让儿童来模仿自己的动作,比如儿童把积木扔在地上,成人可以模仿儿童也这样做,然后成人可以拿出一个盒子,把积木扔进盒子里,请儿童也这样做。

🔔 特别要注意的事情

- 在游戏中成人要提醒儿童和自己做一样的动作。
- 每个儿童喜欢的动作和能够胜任的动作难度有所不同,成人要根据儿童的情况选择动作。

掌握了吗?

- 如果儿童能连续5次以上正确模仿成人的动作,就达成目标了!

14. 小小指挥棒1(指一指)

我们为什么这样做?

用手指来指是儿童与成人沟通的初步形式,用手指指的动作体现了儿童的认知发展和沟通的愿望,这个活动的目标是让儿童用手指正确指出成人所指的事物。

儿童需要准备的

儿童需要具备一定理解能力,知道一些常见事物的名称。

成人需要准备的

儿童喜欢的玩具、图片或其他常用物品。

如何 发展自闭谱系障碍儿童的沟通能力

开始玩吧！

- 成人和儿童一起看动物玩具或者动物卡片，用食指指一指动物的尾巴，说"指一指它的尾巴"，请儿童也这么做。
- 如果儿童做不到，成人可以适当辅助儿童完成。
- 当儿童完成了相应的动作，成人对儿童微笑说"对了！尾巴"。
- 成人还可以请儿童"指一指它的耳朵""指一指它的鼻子"等。

我们还可以这样玩！

- 可以选择任何儿童感兴趣的物品，请儿童来指一指，如"指一指车轮子""指一指宝宝的杯子"等。
- 可以根据儿童的完成情况来增加难度，如细化指的对象，"指一指车子里面的方向盘"；又如增加干扰项，图片中有一只猫和一只狗，请儿童"指一指小狗的尾巴"。
- 成人也可以鼓励儿童来指，然后告诉儿童所指物品的名称，这有利于发展儿童的认知和主动沟通的能力。

🔔 特别要注意的事情

- 成人可以用夸张的表情和语气吸引儿童的兴趣，当儿童回答正确以后，成人要微笑着赞扬儿童。

掌握了吗？

- 如果儿童能连续5次以上用手指正确指出成人所指的事物，就达成目标了！

15. 小小指挥棒 2（指一指不是）

我们为什么这样做？

理解"不"对日常沟通很重要，这个活动的目标是让儿童能指出"不是……"的事物。

> **儿童需要准备的**
>
> 儿童需要具备一定理解能力，知道一些常见事物的名称，能够达成"小小指挥棒1"的目标。
>
> **成人需要准备的**
>
> 儿童喜欢的图片或儿童书。

开始玩吧！

- 成人和儿童一起看儿童喜欢的图片或儿童书，成人指着图中睡觉的小朋友说"在睡觉"，指着不在睡觉的小朋友说"不在睡觉"。
- 成人对儿童说"指一指不在睡觉的小朋友"。
- 如果儿童存在困难，成人可以适当地辅助儿童完成，当儿童正确指出以后，成人对儿童微笑说"对了！他不在睡觉"。
- 成人如上述步骤请儿童"指一指不在吃东西的小朋友""指一指不是蓝色的气球"等。

我们还可以这样玩！

- 在日常生活中成人也可以为儿童提供机会理解"不",如"帮我拿那双鞋子好吗,不是黑色的那双"等。

🔔 特别要注意的事情

- 成人可以用夸张的表情和语气吸引儿童的注意,在发出指令时可用肢体语言和语气强调"不"字。

掌握了吗？

- 如果儿童能连续5次以上正确指出"不是……"的事物,就达成目标了！

16. 开火车（停下来、等一下）

我们为什么这样做？

回应成人的简单指令是沟通的重要组成部分,这个活动的目标是当儿童听到成人叫停的指令后能够停下来。

儿童需要准备的

儿童需要具备一定的理解能力和装扮游戏能力。

成人需要准备的

玩具汽车、火车,或能够假装成小车的积木等皆可。

开始玩吧!

- 成人和儿童约定起点和终点,由儿童负责开车。
- 成人说"停下来,等一下",让儿童将车子停下,说"车子没油了,开不动了,要加油",假装给车子加油。
- 加完油以后,成人说"加好了,可以开了",请儿童继续开。
- 如果儿童不明白,成人可以用手势加以辅助,然后重复上述过程。

我们还可以这样玩!

- 成人请儿童停下来的理由不一定是车子没油了,可以根据儿童的生活经验编出其他的理由,如"宝宝还没有上车,让宝宝上车"等。
- 成人也可以和儿童一起开车,成人的车跟着儿童的车开,成人把车开得很慢,说"停下来,等一等我的车"。
- 在生活情境中,也可以让儿童"停下来,等一下"。

🔔 特别要注意的事情

- 成人可根据儿童的情况调整叫停的频率,提高儿童对该游戏的兴趣。

掌握了吗?

- 如果儿童听到成人叫停的指令能够停下来,就达成目标了!

17. 会飞的小人儿1（上下里外）

我们为什么这样做？

听懂成人的简单指令，理解常用的方位词，是日常沟通所必需的能力，这个活动的目标是当成人说"……上面""……下面""……里面""从……出来"时，儿童能够找到正确的位置。

儿童需要准备的

儿童需要具备一定的动作模仿能力和认知能力。

成人需要准备的

儿童喜欢的小玩偶和一些玩具等。

开始玩吧！

- 成人拿着小玩偶说"它会飞，它'舒'——飞到了桌子上啦"，并将小玩偶放到桌子上。

- 成人指着小玩偶说"它会飞，它'舒'——飞到了椅子上啦"，并用手指着椅子，请儿童将小玩偶放到椅子上。

- 如果儿童有困难，成人可适当辅助完成，当儿童完成后，成人对儿童微笑说"真厉害"。

- 成人说"它会飞，它'舒'——飞到了桌子下面去啦"，并请儿童将小玩偶放到桌子下面。

- 如上述步骤,成人可以请儿童将小人儿飞到"……上面""……下面""……里面""从里面飞出来"等。

我们还可以这样玩!

- 成人可以和儿童轮流来帮助小玩偶起飞,即儿童摆放一次,成人摆放一次。
- 在日常生活中,成人也可以请儿童帮助自己拿取或放置物品,如"把小球放在篮子里面"等。

🔔 **特别要注意的事情**

- 成人可以用夸张的动作和语气吸引儿童的兴趣,比如可以让小人飞得很高或很远。
- 成人在告诉儿童小人飞到哪里去的时候,可以适当地等待一会儿,如"它会飞,它'舒'——飞到——床上去啦"。等待时让儿童眼睛看向自己,保持注意。

掌握了吗?

- 当成人说"……上面""……下面""……里面""从……出来"时,如果儿童总能找到正确的位置,就达成目标了!

18. 会飞的小人儿2(两步指令)

我们为什么这样做?

听懂并遵循成人的指令是一种良好的沟通行为,日常生活中常

如何 发展自闭谱系障碍儿童的沟通能力

常需要用到两步指令,这个活动的目标是儿童能够完成成人发出的两步简单指令。

> **儿童需要准备的**
>
> 儿童需要具备一定的理解能力,能够完成简单指令,能够完成"会飞的小人儿1"。
>
> **成人需要准备的**
>
> 儿童喜欢的小玩偶和一些玩具等。

开始玩吧!

- 成人拿起小玩偶和小球说"它拿着小球飞到了沙发上面",并将小球和小玩偶放到沙发上。

- 成人指着小玩偶和小球说"它拿着小球飞到了盒子里面",请儿童把小玩偶和小球放到盒子里面。

- 当儿童完成相应的动作后,成人对儿童微笑说"飞得真好"。

- 成人指着积木说"它拿着积木飞了出来",请儿童把小玩偶和积木拿出来。

- 成人指着小玩偶说"它飞到了桌子上,又飞到沙发上来啦",并请儿童把小玩偶放到桌子上,再放到沙发上。

我们还可以这样玩!

- 在日常生活中,成人也可以请儿童完成两步指令,如包含一个动作和两个物品的指令"把小球和小车放到箱子里";又如包含两个动作和一个物品的指令"把娃娃捡起来放到椅子上"等。

🔔 **特别要注意的事情**

- 成人可以用夸张的动作和语气吸引儿童的兴趣,当儿童顺利完成飞行任务后,成人要赞扬儿童。

掌握了吗?

- 如果儿童能够连续 5 次以上完成成人发出的简单两步指令,就达成目标了!

19. 搬运工(多步指令)

我们为什么这样做?

听懂并遵循成人的指令是一种良好的沟通行为,日常生活中需要运用到一些复杂的指令,这个活动的目标是儿童能够遵循成人发出的多步指令。

儿童需要准备的

儿童需要具备一定的理解能力,能够完成两步指令,能够完成"会飞的小人儿2"的目标。

成人需要准备的

儿童喜欢的小玩偶和一些玩具等。

开始玩吧!

- 成人拿着小玩偶,如小狗和小猫,说"小狗和小猫一起把红色积木搬到了椅子上",同时完成相应的动作。

- 成人指着小狗说,"小狗把红色积木搬回到了桌子上,把蓝色积木搬到了椅子上",并请儿童完成相应的动作。

- 如果儿童有困难,成人可以通过手势来适当辅助,当儿童完成相应的动作后,成人对儿童微笑说"搬得真好"。

- 成人指着小狗和小猫说,"小狗和小猫一起回到了桌子上,把两个绿色积木搬到了椅子上",并请儿童完成相应的动作。

我们还可以这样玩!

- 小玩偶不一定是小狗和小猫,成人可以选择儿童喜欢的人物;搬运的东西不一定是积木,同样可以选择儿童喜欢的几样玩具。

- 根据儿童的情况成人可以变化指令的难度,比如增加动作步骤、增加玩偶的数量或增加搬运的东西等。

- 当儿童熟悉游戏过程以后,成人也可以和儿童交换角色,即让儿童来说怎么搬运,由成人来完成动作。

🔔 **特别要注意的事情**

- 成人可以用夸张的动作和语气吸引儿童的兴趣,当儿童顺利完成搬运任务后,成人要表扬儿童。

掌握了吗?

- 如果儿童能连续 5 次正确完成包含两个以上动作和两个以上物品的指令,就达成目标了!

20. 让我照顾你 1(三步指令)

我们为什么这样做?

听从指令是儿童日常生活中重要的沟通行为,在这个活动中我们将利用另一种情境帮助儿童掌握和迁移听从指令的能力,活动的目标是儿童能够遵循成人发出的三步指令。

儿童需要准备的

儿童需要具备一定的理解能力,和装扮游戏能力,能够完成"会飞的小人儿2"的目标。

成人需要准备的

儿童喜欢的小玩偶和一些玩具等。

开始玩吧!

- 成人指着小玩偶说,"娃娃生病了,需要我们来照顾它"。
- 成人指着玩偶的肚子说,"娃娃肚子饿,想要吃东西,把小碗、杯子和勺子拿过来好吗?"
- 如果儿童有困难,成人可以通过手势来适当辅助,当儿童完成相应的动作后,成人对儿童微笑说"做得真棒"。

- 请儿童给娃娃吃东西,然后说"娃娃想玩玩具,把小车、飞机和积木拿过来好吗?"重复上述过程。

- 成人对儿童说,"娃娃累了,想睡觉了,把娃娃放在床上,盖好被子,说晚安"。

我们还可以这样玩!

- 成人可以根据儿童的生活经历和兴趣爱好提出不同的指令,指令可以包含一个动作和三个物品,如"给我娃娃、牙刷和毛巾";或包含三个动作和一个物品,如"拿着这个调羹,去餐厅,把调羹放到桌子上";或涉及一个活动中的三个对象,如"把娃娃放在床上,给它一个小瓶子"。

🔔 **特别要注意的事情**

- 可以从简单的动作做起,当儿童完成指令以后,成人要由衷地表扬儿童,帮助儿童体会到成就感。

掌握了吗?

- 如果儿童能连续5次正确完成三步指令,就达成目标了!

21. 让我照顾你 2(有先后顺序的三步指令)

我们为什么这样做?

日常生活中将会遇到一些有先后顺序的指令,这个活动的目标是让儿童能完成有先后顺序的三步指令。

> **儿童需要准备的**
>
> 儿童需要具备一定的理解能力和装扮游戏能力。
>
> **成人需要准备的**
>
> 儿童喜欢的小玩偶和一些玩具等。

开始玩吧！

- 成人指着玩偶说,"娃娃在睡觉,你先叫娃娃起床,然后帮娃娃刷牙,最后帮娃娃洗脸",请儿童完成相应的动作。
- 如果儿童忘记了接下来要做什么,成人可以先等待一会儿,然后用手势及语言提示"接下来要做什么？要……"当儿童完成任务时,表扬儿童"你做得真好"。
- 成人说,"娃娃想要玩一会儿,它想先玩小汽车,然后玩积木,最后玩小球",请儿童按先后顺序,给娃娃相应的玩具。
- 成人说,"娃娃玩好了,出了很多汗,要洗澡了""洗澡的时候要先洗头,然后洗身体,最后洗脚脚",请儿童帮娃娃洗澡。

我们还可以这样玩！

- 当儿童熟悉游戏过程以后,成人可以和儿童交换角色,由成人询问儿童,请儿童来发指令,成人来执行。
- 成人可根据儿童的生活经验提出符合儿童能力水平的指令,

在日常生活中成人也可以请儿童完成一些有先后顺序的指令。

🔔 **特别要注意的事情**

- 在游戏中成人可以着重强调"先""然后""最后"等表明顺序的词。

掌握了吗？

- 如果儿童能连续 3 次完成有先后顺序的三步指令，就达成目标了！

22. 吃点心 1（理解大和小）

我们为什么这样做？

在与人沟通时会涉及一些基本概念的理解，这个活动的目标是让儿童能够区分大和小。

儿童需要准备的

儿童需要具备一定的理解能力、装扮游戏能力和精细动作能力。

成人需要准备的

橡皮泥等儿童喜欢的玩具。

开始玩吧！

- 成人和儿童用橡皮泥做饼干，做一块大的饼干和一块小的饼干，问儿童"你要吃大的，还是小的？"请儿童选择。
- 如果选择大的，要用手指着大的那块饼干说"要大的"，如果选择小的，则要用手指着小的那块饼干说"要小的"。
- 如果儿童手指的和说的不一致，成人马上纠正儿童。
- 当儿童回答正确以后，将相应的饼干交给儿童，微笑着说"对！这是大的，给你大的"，或"对！这是小的，给你小的"。
- 成人还可以和儿童用橡皮泥做汤圆，做一个大的汤圆和一个小的汤圆，请儿童选择大的还是小的。

我们还可以这样玩！

- 成人和儿童还可以用橡皮泥做其他的东西，让儿童选择大小。
- 在生活中成人可以让儿童选择大小，如让儿童选择"要大的苹果，还是小的苹果"等，也可以引导儿童观察大小，如爸爸的手很大，宝宝的手很小。

特别要注意的事情

- 成人在语调上可以着重"大"和"小"，帮助儿童加深印象。
- 只有当儿童指的和说的相符合时，才是正确的回答，这时要微笑着赞扬儿童。

掌握了吗？

- 如果儿童能连续5次正确选择大和小，就达成目标了！

23．吃点心2（理解多和少）

我们为什么这样做？

在与人沟通时会涉及一些基本概念的理解，这个活动的目标是让儿童能够区分多和少。

儿童需要准备的

儿童需要具备一定的理解能力、装扮游戏能力和精细动作能力。

成人需要准备的

一些食物的图片。

开始玩吧！

- 成人准备几张食物的图片放在儿童面前，问儿童，"你要吃什么？"

- 假设儿童回答"要吃饺子"，成人拿出两张图片给儿童看，一张图片上的饺子比较多，另一张图片上的饺子比较少，问儿童，"你要吃多的还是少的？"

- 如果选择多的,请儿童用手指着有很多饺子的图片说"要多的",如果选择少的,则请儿童用手指着较少饺子的图片说"要少的"。
- 如果儿童手指的和说的不一致,成人马上纠正儿童。
- 当儿童回答正确以后,将相应的图片交给儿童,微笑着说"对!这是多的,给你多的",或"对!这是少的,给你少的"。

我们还可以这样玩!

- 当儿童熟悉这个活动以后,成人也可以和儿童交换角色,成人对儿童说"我要多的",请儿童将表示多的图片给自己。
- 在日常生活中成人也可以让儿童选择多少,比如有两碗米饭,询问儿童"你的是多的还是少的"。

🔔 **特别要注意的事情**

- 成人在语调上可以着重"多"和"少",帮助儿童加深印象。
- 只有当儿童指的和说的相符合时,才是正确的回答,这时要微笑着表扬儿童。

掌握了吗?

- 如果儿童能连续5次正确选择多和少,就达成目标了!

24. 吃点心3（理解长和短）

我们为什么这样做？

在与人沟通时会涉及一些基本概念的理解，这个活动的目标是让儿童能够区分长和短。

儿童需要准备的

儿童需要具备一定的理解能力、装扮游戏能力和精细动作能力。

成人需要准备的

橡皮泥等儿童喜欢的玩具。

开始玩吧！

- 成人和儿童用橡皮泥做面条，做长的面条和短的面条，成人指着面条问儿童"你要长的，还是短的？"请儿童选择。
- 如果选择长的，要用手指着长的面条说"要长的"，如果选择短的，则要用手指着短的面条说"要短的"。
- 如果儿童手指的和说的不一致，成人马上纠正儿童。
- 当儿童回答正确以后，将相应的面条交给儿童，微笑着说"对！这是长的，给你长的"，或"对！这是短的，给你短的"。

我们还可以这样玩！

- 当儿童熟悉这个活动以后,成人也可以和儿童交换角色,成人对儿童说"我要长的",请儿童将表示长的面条给自己。
- 在日常生活中成人也可以让儿童选择长短。

🔔 特别要注意的事情

- 成人在语调上可以着重"长"和"短",帮助儿童加深印象。
- 让儿童参与做面条的过程,把面条拿起来比较长短,增加活动的趣味性。

掌握了吗？

- 如果儿童能连续5次正确选择长和短,就达成目标了！

25. 开飞机（理解快和慢）

我们为什么这样做？

在与人沟通时会涉及一些基本概念的理解,这个活动的目标是让儿童能够区分快和慢。

儿童需要准备的

儿童需要具备一定的理解能力和装扮游戏能力。

成人需要准备的

手工纸或飞机玩具。

如何 发展自闭谱系障碍儿童的沟通能力

开始玩吧！

- 成人拿着手工纸做的飞机，或玩具飞机，对儿童说"看！飞机起飞啦"。

- 成人拿着飞机慢慢地移动，说"飞机慢慢飞"，请儿童重复。

- 成人拿着飞机快速地移动，说"飞机快快飞"，请儿童重复。

- 询问儿童，"要快快飞，还是慢慢飞？"如果儿童说"快快飞"那么成人快速地移动飞机，如果儿童说"慢慢飞"，那么成人缓慢地移动飞机。

- 当儿童熟悉这个过程以后，成人和儿童交换角色，请儿童拿着飞机，成人说"快快飞"时，儿童要快速移动飞机，成人说"慢慢飞"时，儿童要缓慢移动飞机。

- 如果儿童存在困难或出现错误，成人可以适当地辅助，当儿童正确地飞行时，要微笑着鼓掌赞扬儿童，如"对！这是快快飞，你飞得真快"。

我们还可以这样玩！

- 成人和儿童不一定要开飞机，也可以开火车或小汽车，根据儿童的经验和喜好进行调整。

- 在平时的生活中也可以让儿童学习"快一点"和"慢一点"。

🔔 **特别要注意的事情**

- 在游戏中成人可以多次提醒儿童，尤其是在刚开始的时候，使儿童将"快""慢"和相应的动作联系起来。
- 成人可根据儿童的能力适当调整变换指令的速度,提高儿童对该游戏的兴趣。

掌握了吗?

- 如果儿童能连续 5 次正确做出快或慢的动作,就达成目标了!

26. 找相同

我们为什么这样做?

日常沟通中需要使用到"相同"和"不同"这两个概念,这个活动的目标是让儿童能够找到相同的物品。

> **儿童需要准备的**
> 儿童需要具备一定的观察能力和理解能力。
>
> **成人需要准备的**
> 一些儿童熟悉和感兴趣的图片(或物品)。

开始玩吧!

- 在儿童面前放置约 5 张左右的图片,图片可以是小车、飞机、动物、水果等。

- 拿出一张图片给儿童看，假设图片上是小汽车，成人对儿童说"看！小汽车！找找看，这里有没有一样的小汽车？"
- 成人说话时可配合使用手势帮助儿童理解，如果儿童找到了小汽车，成人微笑着对儿童说"你找对了！他们是一样的"。
- 如果儿童找错了，成人可以适当地解释，假设儿童拿了飞机，成人对儿童说"这是飞机，这是小汽车，它们不一样"。成人将飞机拿走，然后请儿童在剩下的图片中再找一找。
- 直到儿童找对后，表扬儿童，重复上述过程，进入下一轮游戏。

我们还可以这样玩！

- 成人可以根据儿童的能力选择相应的图片，如成人拿着小汽车的图片，请儿童从小车、飞机、动物、水果、蔬菜等图片中选出小汽车；又如成人拿着小汽车，请儿童从小汽车、火车、公共汽车、吉普车等图片中选择出小汽车。
- 成人可以根据儿童的能力水平调整选项的数量，如一开始让儿童二选一，逐渐过渡到五选一。
- 成人在日常生活中也可以加深儿童对"一样的"理解，如两只袜子是一样的、两只鞋子也是一样的。

🔔 **特别要注意的事情**

- 在游戏中成人可以多次提醒儿童，强调"一样的"，尤其是在刚开始的时候，帮助儿童理解一样的。

- 当儿童选出正确的图片后,成人可以与儿童击掌庆祝,增加儿童对该游戏的兴趣。

掌握了吗?

- 如果儿童能连续5次正确选出一样的图片,就达成目标了!

27. 找不同

我们为什么这样做?

日常沟通中需要使用到"相同"和"不同"这两个概念,这个活动的目标是让儿童能够找到不同的物品。

儿童需要准备的

儿童需要具备一定的观察能力和理解能力。

成人需要准备的

一些儿童熟悉和感兴趣的图片(或物品)。

开始玩吧!

- 在儿童面前放置四件物品,其中三件物品是相同的,另一件物品与它们略有不同,如三块积木和一辆小车。
- 告诉儿童"有一件东西和其他三个不一样,指一指哪个不一样"。
- 成人说话时可配合使用手势帮助儿童理解,如果儿童找到

- 了,成人微笑着对儿童说:"你找对了!这个和其他的不一样!"

- 如果儿童找错了,成人可以适当地解释,对儿童说:"这是积木,这也是积木,它们是一样的!"成人将这个积木拿走,然后请儿童在剩下的物品中再找一找。

- 直到儿童找对后,表扬儿童,重复上述过程,进入下一轮游戏。

我们还可以这样玩!

- 成人可以根据儿童的情况,先选择完全不同的物品让儿童选,如积木和汽车,然后选择略有不同的物品让儿童选择,如叉子和勺子。

🔔 **特别要注意的事情**

- 在游戏中成人可以多次提醒儿童,强调"不一样",尤其是在刚开始的时候,帮助儿童理解不一样。

- 当儿童选出正确的图片后,成人可以与儿童击掌庆祝,增加儿童对该游戏的兴趣。

掌握了吗?

- 如果儿童能连续5次正确选出不一样的物品,就达成目标了!

28. 我是小助手1（不同的形状）

我们为什么这样做？

日常沟通中需要运用到一些简单的有关形状和颜色的概念，这个活动的目标是让儿童能辨认不同的形状。

儿童需要准备的

儿童需要具备一定的认知能力和理解能力。

成人需要准备的

一些方形、圆形、三角形的积木。

开始玩吧！

- 准备一些不同形状的积木放在一个小盒子里，将小盒子放到儿童面前。
- 成人对儿童说，"我们来搭高楼，请给我方形"，请儿童选择方形的积木给自己。
- 如果儿童选择错了，成人可以用手势和语言加以提示，当儿童拿起正确的积木递给自己时，微笑着对儿童说"真棒！这是方形"。
- 成人将方形积木放在自己面前，对儿童说"请给我三角形"，请儿童选择三角形的积木给自己。

- 成人将三角形的积木垒在方形积木上,重复上述过程,将新的积木垒在原来的积木上搭成高楼,差不多高时,对儿童说"谢谢你!高楼搭好啦!你来推倒吧"。

我们还可以这样玩!

- 当儿童熟悉游戏过程以后,成人和儿童也可以交换角色,由儿童来搭高楼,成人做助手帮儿童拿积木。
- 成人与儿童也可以不搭高楼,搭其他儿童感兴趣的东西。

🔔 **特别要注意的事情**

- 在正式游戏前,成人要先让儿童简单认识一下几种形状及其名称。
- 开始时成人可以先给儿童两种形状的积木来加以选择,然后逐渐增加形状的种类。

掌握了吗?

- 如果儿童能连续5次听指令选择正确的形状,就达成目标了!

29. 我是小助手2(不同的颜色)

我们为什么这样做?

日常沟通中需要运用到一些简单的有关形状和颜色的概念,这个活动的目标是让儿童能辨认不同的颜色。

> **儿童需要准备的**
>
> 儿童需要具备一定的认知能力和理解能力。
>
> **成人需要准备的**
>
> 一些不同颜色的积木。

开始玩吧！

- 准备一些不同颜色的积木放在一个小盒子里,将小盒子放到儿童面前。
- 成人对儿童说,"我们来搭高楼,请给我红色",请儿童选择红色的积木给自己。
- 如果儿童选择错了,成人可以用手势和语言加以提示,当儿童拿起正确的积木递给自己时,微笑着对儿童说"真棒！这是红色"。
- 成人将红色积木放在自己面前,对儿童说"请给我黄色",请儿童选择黄色的积木给自己。
- 成人将黄色的积木垒在红色积木上,重复上述过程,将新的积木垒在原来的积木上搭成高楼,差不多高时,对儿童说"谢谢你！高楼搭好啦！你来推倒吧"。

我们还可以这样玩！

- 当儿童熟悉游戏过程以后,成人和儿童也可以交换角色,由儿童来搭高楼,成人做助手帮儿童拿积木。
- 成人与儿童也可以不搭高楼,搭其他儿童感兴趣的东西。
- 成人还可以利用雪花片来让儿童分辨颜色,活动步骤类似。

🔔 特别要注意的事情

- 在正式游戏前,成人要先让儿童简单认识一下几种颜色及其名称。
- 开始时成人可以先给儿童两种颜色的积木来加以选择,然后逐渐增加颜色的种类。
- 在日常生活中成人也可以不断向儿童指明不同物体的颜色。

掌握了吗?

- 如果儿童能连续5次听指令选择正确的颜色,就达成目标了!

30. 我是小管家1(颜色分类)

我们为什么这样做?

日常沟通中涉及一些简单的分类概念,这个活动的目标是让儿童能够对颜色进行简单的分类。

儿童需要准备的

儿童需要具备一定的认知能力和理解能力。

成人需要准备的

雪花片、小碗。

开始玩吧!

- 成人将雪花片和三只小碗放在儿童面前,先示范将红色、黄色和绿色的雪花片分别放到三个碗中,说"我们来把雪花片收起来,让红色和红色在一起,黄色和黄色在一起,绿色和绿色在一起"。
- 放了一部分后请儿童来继续完成。
- 如果儿童放错了,成人可以用手势和语言加以提示,当儿童放对了,成人微笑着对儿童说,"真棒!红色和红色在一起"。
- 当全部完成后,成人可以与儿童击掌庆祝,"我们把雪花片都收好啦"。

我们还可以这样玩!

- 成人不一定要使用雪花片,也可以使用积木等其他类似的能进行颜色分类的玩具。
- 成人可以利用平时整理物品或收拾玩具的时间给儿童练习的机会,通过成人的指令,帮助成人一起整理物品。

特别要注意的事情

- 成人可以根据儿童的情况,先进行两种颜色的分类,再过渡到三种颜色。
- 儿童面前的雪花片太多时,儿童可能会抓一些乱放,为避免这样的情况,成人可以每次给儿童一片雪花片,请儿童来放。

- 每次分类的时间不需要很长,成人可以适当控制雪花片的数量,但多多创造机会让儿童练习,当儿童完成分类的任务以后,要一起庆祝或赞扬儿童,提升儿童的成就感。

掌握了吗?

- 如果儿童能连续10次独立将雪花片放到正确的小碗中,就达成目标了!

31. 我是小管家2(名称分类)

我们为什么这样做?

日常沟通中涉及一些简单的分类概念,这个活动的目标是让儿童能够对物品的种类进行简单的分类。

> **儿童需要准备的**
>
> 儿童需要具备一定的认知能力和理解能力。
>
> **成人需要准备的**
>
> 儿童熟悉的几种类别的图片(或物品)。

开始玩吧!

- 成人将一些动物、食物、汽车的图片放在儿童面前,先示范将三类卡片分开摆放,说"我们来整理图片,把动物和动物放在一起,吃的东西和吃的东西放在一起,车子和车子放在一起"。

- 放了一部分后请儿童来继续完成。
- 如果儿童放错了,成人可以用手势和语言加以提示,当儿童放对了,成人微笑着对儿童说,"真棒!动物和动物放在一起"。
- 当全部完成后,成人可以与儿童击掌庆祝,"我们把图片都整理好啦"。

我们还可以这样玩!

- 成人不一定要使用图片,可以使用相应的物品玩具。
- 成人不一定要使用动物、食物、汽车这样的分类,可以根据儿童的生活经验加以变换,又如颜色、数字、生活用品等皆可。
- 成人可以利用平时整理物品或收拾玩具的时间给儿童练习的机会,通过成人的指令,帮助成人一起整理物品。

特别要注意的事情

- 成人可以根据儿童的情况,先进行两种类别的分类,再过渡到三种类别。
- 儿童面前的图片太多时,儿童可能会乱放,为避免这样的情况,成人可以每次给儿童一张图片,请儿童一张一张来放。
- 每次分类的时间不需要很长,成人可以适当控制图片的数量,但多多创造机会让儿童练习,当儿童完成分类的任务以后,要一起庆祝或赞扬儿童,提升儿童的成就感。

掌握了吗?

- 如果儿童能连续 10 次独立将图片放到正确的类别中,就达成目标了!

| 第三部分 | 让我们一起来促进儿童沟通能力的发展

 表达能力的发展

32. 藏猫猫（沟通意向）

我们为什么这样做？

藏猫猫是儿童早期使用动作和表情进行的简单沟通，这个活动的目标是锻炼儿童能与成人做简单的非言语沟通。

儿童需要准备的

具备早期反射行为，如哭、叫、挪动身体等最基本的动作技能。

成人需要准备的

小毛巾等类似的物品，在相对安静的环境内，成人可以用夸张些的语言和表情来吸引儿童。

开始玩吧！

- 成人与儿童面对面，请儿童看着自己。

- 成人把自己的脸藏在小毛巾的后面,然后突然拿开毛巾露出自己的脸,说"哇哦"。

- 观察儿童面部表情的变化,儿童可能会感到有趣而笑起来,成人继续重复这个动作。

- 成人遮住自己的脸说"准备",然后一下子露出自己的脸,请儿童和自己一起说"哇哦"。

- 等儿童熟悉这个过程后,成人可以引导儿童先说出"哇哦",再露出自己的脸。

我们还可以这样玩!

- 成人和儿童不一定要使用毛巾,也可以直接用双手来遮住自己的脸。

- 可以用毛巾或其他类似的材料轮流遮住儿童和自己的脸。

- 还可以用毛巾或其他类似的材料遮住儿童喜欢的玩具,来玩这个游戏。

🔔 特别要注意的事情

- 成人要用夸张些的语言和表情来吸引儿童的注意。

- 成人适当变化遮住脸的时间长度,观察儿童的反应。

掌握了吗?

- 如果儿童能连续5次和成人一起说"哇哦"(或类似的发音),就达成目标了!

33. 敲铜鼓（模仿发音）

我们为什么这样做？

发出有意义的声音是说话的第一步，这个活动的目标是儿童能够模仿发音。

儿童需要准备的

儿童需要具备最基本的发音能力。

成人需要准备的

盒子和小棒。

开始玩吧！

- 成人准备两根小棒和一个盒子放在儿童面前，把一根小棒递给儿童，自己拿一根小棒敲一敲盒子，说"我们来敲铜鼓"。
- 用小棒敲一下盒子，说"咚"，请儿童也用小棒敲一下盒子，说"咚"。
- 如果儿童有困难，成人可以适当地用身体来辅助，当儿童完成动作以后，成人对儿童微笑，说"对了，敲得真棒"。
- 成人用小棒敲两下盒子，说"咚咚"，请儿童也这样做。
- 成人用小棒敲一下盒子的侧面，说"嗒"，请儿童也这样做。

- 成人变换敲的数量和节奏，如"咚——咚""咚嗒咚"等，请儿童模仿。

我们还可以这样玩！

- 成人可以根据儿童的情况再增加一根小棒，即使用两只手来敲铜鼓，右手敲叫"咚"，左手敲叫"吧"，变换节奏请儿童模仿。
- 成人可以利用任何儿童的日常行为，如走楼梯时和儿童一起说"咚咚咚"、吃饭时和儿童说"啊呜"，和儿童一起哼唱歌曲"啦啦啦"，帮助儿童练习发音。

🔔 **特别要注意的事情**

- 不必要求儿童的发音非常标准，只要努力发音成人都要给予鼓励。
- 成人可略带夸张地进行发音，在活动中保持愉快的心情。

掌握了吗？

- 如果儿童能连续5次正确模仿成人的敲鼓的发音，就达成目标了！

34. 画个大圆圈（发音练习）

我们为什么这样做？

准确地发出元音是说话的基础，这个活动的目标是帮助儿童练习几个基础元音,如/a/、/o/、/e/、/i/、/u/等。

儿童需要准备的

儿童需要具备最基本的发音能力。

成人需要准备的

无特定活动材料,在相对安静的环境内,成人可以用夸张些的语言和表情来吸引儿童。

开始玩吧!

- 成人与儿童面对面,请儿童看着自己。
- 成人示范一边做动作一边发音,即在自己的面前画一个大圆圈,在开始画的时候,一边画一边发出"啊"的音(根据儿童的情况其他的音亦可),在画完的时候结束发音。
- 请儿童和成人一起画圈并发元音"啊——"。
- 成人根据儿童的情况调整圆圈的大小,开始时可以画小圆圈,后来逐渐画大圆圈。

我们还可以这样玩!

- 成人也可以变换动作,如画直线、三角形、正方形、双手横向打开、双手纵向打开等,增强游戏的趣味性。
- 可以在儿童有需求的时候,要求儿童发相应的语音,才满足其要求。

特别要注意的事情

- 活动时间不宜过长,可以少量多次循序渐进地进行,如果儿童能够顺利完成任务,成人可以根据儿童的兴趣提供一些奖励。
- 如果儿童的发音清晰准确则不需要进行类似的练习,如果儿童有些发音不准确,成人可以留意这些音,通过这种方式进行强化练习。

掌握了吗?

- 如果儿童能准确地连续发出某个音5秒钟,就达成这个语音的练习目标了!

35. 音乐会(发音练习)

我们为什么这样做?

当元音和辅音配合起来就能说一些简单的字词了,这个活动的目标是让儿童能够发出基本辅音,如/b/、/p/、/m/、/f/、/d/、/t/、/n/、/l/等。

儿童需要准备的

儿童能够发出基本的元音,如/a/、/o/、/e/、/i/、/u/等。

成人需要准备的

一些表示发出声音的图片,如各种乐器、汽车喇叭、女孩在唱歌等。

开始玩吧!

- 成人手中拿着一些图片,对儿童说,"我们来开音乐会"。
- 请儿童从中选择一张图片,假设是女孩在唱歌的图片,成人对儿童说"女孩在唱歌,啦啦啦",请儿童做出唱歌的动作说"啦啦啦"。
- 如果儿童有困难,成人可以示范并用身体辅助,当儿童说出"啦啦啦"后,成人微笑着对儿童说"对,啦啦啦,唱得真好"。
- 将图片放到旁边,请儿童再抽取一张图片,重复上述过程。
- 当儿童熟悉这个过程后,成人可逐渐减少示范和辅助。

我们还可以这样玩!

- 成人可以根据儿童的生活经验,选择相应的图片。
- 生活中有事物发出声音时,也可以请儿童关注和模仿,如汽车的喇叭声"滴滴滴"、敲门的声音"笃笃笃"等。

特别要注意的事情

- 无论儿童发音准确度如何,都应鼓励儿童发音;将动作与发音联系在一起可激发儿童模仿发音的兴趣。
- 如果儿童的发音清晰准确则不需要进行类似的练习,如果儿童有些发音不准确,成人可以留意这些音,通过这种方式进行强化练习。

掌握了吗?

- 如果儿童能连续5次准确地发出某个音,就达成这个语音的练习目标了!

图 3-3

注:成人可利用网络查找相应的图片,或从本书最后提供的相册地址中下载。

36. 动物乐园(发音练习)

我们为什么这样做?

当元音和辅音配合起来就能说一些简单的字词了,这个活动的目标是帮助儿童练习一些常用的辅音。

儿童需要准备的

儿童能够发出基本的元音和辅音。

成人需要准备的

无特定活动材料,在相对安静的环境内,成人可以用夸张些的声音和动作来吸引儿童。

开始玩吧！

- 成人与儿童面对面，对儿童说"今天动物们来开音乐会"。
- 成人模仿鸭子的动作，说"来了一只大鸭子，嘎嘎嘎"。
- 指着儿童说"又来了一只小鸭子"，请儿童模仿鸭子的动作和声音。
- 如果儿童发音有困难，成人可以示范并用身体辅助，当儿童说出"嘎嘎嘎"后，成人微笑着对儿童说"小鸭子唱得真好"。
- 成人模仿青蛙的动作，说"来了一只大青蛙，呱呱呱"，重复上述过程。
- 当儿童熟悉这个过程后，成人可逐渐减少示范和辅助。

我们还可以这样玩！

- 成人可以根据儿童的生活经验，模仿相应的动物。
- 生活中有事物发出声音时，也可以请儿童关注和模仿，如汽车的喇叭声"滴滴滴"、敲门的声音"笃笃笃"等。

🔔 特别要注意的事情

- 无论儿童发音准确度如何，都应鼓励儿童发音；将动作与发音联系在一起可激发儿童模仿发音的兴趣。
- 如果儿童的发音清晰准确则不需要进行类似的练习，如果儿童有些发音不准确，成人可以留意这些音，通过这种方式进行强化练习。

掌握了吗?

- 如果儿童能连续5次准确地发出某个音,就达成这个语音的练习目标了!

37. 我也这样说(仿说)

我们为什么这样做?

模仿是儿童学习说话的主要方式,这个活动的目标是让儿童能模仿成人所说的短语和简单句。

> **儿童需要准备的**
>
> 儿童需要具备模仿语音的能力,并能说一些有意义的字词。
>
> **成人需要准备的**
>
> 无特定活动材料,成人可以利用生活中触手可及的物品完成游戏。

开始玩吧!

- 成人指着自己说自己的称谓,假设是妈妈则说"妈妈"。请儿童模仿说"妈妈"。
- 成人拿起一颗苹果说"苹果"。请儿童说"苹果"。

- 拿起苹果张大嘴装出用力啃的样子说"妈妈吃苹果"。请儿童模仿说"妈妈吃苹果"。
- 如果儿童无法完整地说出句子，成人可以逐个词地引导，通过动作和口型提示儿童，如用小声提示儿童说"妈妈"，做出吃的样子提示儿童说"吃"，指一指苹果请儿童说"苹果"。
- 当儿童说出句子后，成人微笑表扬儿童"说得真好"。

我们还可以这样玩！

- 成人可以利用当时当地的情境编出好玩的短句，如"娃娃睡觉""球球掉了"等。
- 可以特意编"宝宝吃糖"这样的句子，当儿童顺利说出以后，宝宝就可以吃糖了，糖果自然而然地成为了强化物。
- 可以在儿童有需求的时候，要求儿童说出短句，才满足其需求，如儿童想要玩球，成人请儿童说"玩球"，当儿童说出后把球给儿童。

🔔 特别要注意的事情

- 无论儿童说得好不好，成人都应鼓励儿童说话；成人可以用夸张的表情和动作来吸引儿童的兴趣。
- 开始时成人可以编一两个字的句子请儿童模仿，然后逐渐增加句子的长度，这个时期儿童需要不断积累词汇量，建议成人将短句与动作联系起来。

如何 发展自闭谱系障碍儿童的沟通能力

掌握了吗?

- 如果儿童能连续 3 次准确地说出某个短句,就达成这个练习的目标了!

38. 这是什么(仿说名词)

我们为什么这样做?

要学习说话就要掌握大量的词汇,这个活动的目标是让儿童学习 50 个以上的常用物品的名称。

儿童需要准备的

儿童需要具备仿说词语的能力。

成人需要准备的

卡片、儿童书等。

开始玩吧!

- 成人和儿童一起看儿童书或卡片,指着书中的事物说出名称,假设书中有小球,成人指着小球说"小球",请儿童指一指小球。
- 成人指着小球问儿童"这是什么?"请儿童说出"小球"。
- 如果儿童有困难,成人可以提示,请儿童模仿说"小球",当儿童说出"小球"后,表扬儿童"对了,这是小球"。

- 成人指着其他事物,重复上述过程。
- 当儿童熟悉这个过程后,成人用手指着已经学习过的物品再问儿童"这是什么?"等待儿童回答,如果儿童回答不出,再给出提示,重复这样的过程,直到儿童掌握为止。

我们还可以这样玩!

- 成人除了使用儿童书和卡片以外,可以更多地利用生活中的物品帮助儿童学习词汇。

特别要注意的事情

- 一些儿童识记词汇的速度快一些,一些儿童则慢一些,识记词汇是一个不断练习的过程,成人还要注意将这些词汇与生活中的实际物品联系起来。
- 当儿童正确说出物品的名称时,成人要表扬和鼓励儿童,提高儿童的兴趣和成就感。

掌握了吗?

- 如果儿童能掌握50个以上的常用物品的名称,就达成目标了!

39. 橡皮泥(仿说动词)

我们为什么这样做?

掌握了动词儿童就能开始说一些短句了,这个活动的目标是让

如何 发展自闭谱系障碍儿童的沟通能力

儿童能掌握 10 个以上的常用动词。

> **儿童需要准备的**
>
> 儿童需要具备仿说词语的能力。
>
> **成人需要准备的**
>
> 橡皮泥等儿童喜欢的玩具。

开始玩吧！

- 成人把橡皮泥的盒子（或袋子）放到儿童面前，请儿童说"打开"。
- 如果儿童有困难，成人可以和儿童一起说，当儿童说"打开"后，成人打开橡皮泥的盒子（或袋子）。
- 成人拿出橡皮泥，示范用手压做饼干，说"压一压，做饼干"，请儿童也用手压做饼干，一边压一边说"压一压"。
- 成人假装吃做好的饼干，说"啊呜，吃饼干"，请儿童也假装吃饼干，说"啊呜，吃"。
- 重复上述过程，让儿童练习"压"和"吃"两个动词。

我们还可以这样玩！

- 以上举例了"压"和"吃"两个动词的练习过程，成人可以根据儿童的需要类似地帮助儿童练习其他动词。
- 可以在儿童有需求的时候，要求儿童用语言表达，才满足其需要，如儿童想要吃糖，请儿童说"吃糖"，再给儿童糖果。

🔔 **特别要注意的事情**

- 儿童可能需要多次练习才能掌握这个词，因此在游戏中可以多次重复相同的步骤帮助儿童练习，比如在范例中可以做很多块饼干，每次玩玩具时让儿童练习说"打开"等。
- 建议一边说一边做，将词语与实际的动作联系起来，适时地引导儿童应用到生活中去。

掌握了吗？

- 如果儿童能掌握 10 个以上的常用动词，就达成目标了！

40. 快乐的一家（仿说形容词）

我们为什么这样做？

当儿童掌握了基本的名词和动词以后，可以适当地学习一些形容词来丰富儿童的词汇，这个活动的目标是让儿童能够说出 5 个以上的常用形容词。

儿童需要准备的

儿童需要具备仿说词语的能力。

成人需要准备的

一些儿童喜欢的玩偶、玩具、图片等。

如何 发展自闭谱系障碍儿童的沟通能力

开始玩吧！

- 成人与儿童面对面，对儿童说"今天我们请来了快乐的一家"。
- 拿出一个玩偶（以儿童的喜好而定），说"这是高高的爸爸"。询问儿童"这是谁"。请儿童说"高高的爸爸"。
- 再拿出一个玩偶，说"这是漂亮的妈妈"。询问儿童"这是谁"。请儿童说"漂亮的妈妈"。
- 再拿出一个玩偶，说"这是可爱的宝宝"。询问儿童"这是谁"。请儿童说"可爱的宝宝"。
- 成人还可以拿出相应的玩具或图片，如拿出"蛋糕"，说"妈妈拿了好吃的蛋糕"。询问儿童"这是什么"。请儿童说"好吃的蛋糕"。

我们还可以这样玩！

- 成人可以根据儿童的情况，增加快乐的一家的家庭成员数量，或准备一些其他的物品，让儿童学习来形容它。
- 当儿童熟悉这个游戏后，成人可以直接拿出玩偶或玩具，说"这是谁/什么"。请儿童先自己说，成人再加以修正；在生活中也可以这么做。

🔔 特别要注意的事情

- 鼓励儿童说话，可能一开始儿童只是说"爸爸""妈妈"，而没有加上形容词，成人可以示范补充，说"对的，这是爸爸，是高高的爸爸"。

- 成人可以用夸张一些的表情和语气来吸引儿童的兴趣,加重说形容词的语气。

掌握了吗?

- 如果儿童能掌握5个以上的常用形容词,就达成目标了!

41. 你和我(人称代词)

我们为什么这样做?

交流时常常需要用到人称代词,这个活动的目标是让儿童能正确使用"你"和"我"。

儿童需要准备的

儿童需要具备一定理解能力。

成人需要准备的

一些儿童喜欢的玩偶、玩具、图片等。

开始玩吧!

- 成人将一些玩具放在自己和儿童面前,选一个玩具给儿童,说"这是你的",选一个玩具放在自己这边,说"这是我的"。
- 请儿童也选择一个玩具给成人,说"这是你的",选一个玩具放在自己这边说"这是我的"。

- 如果儿童有困难,成人摇头并适当提醒,如果儿童说对了,成人点头说"对了,谢谢你",成人和儿童轮流将玩具分完。
- 成人指着儿童这边的玩具问"这是谁的?"请儿童说"这是我的"。
- 成人指着自己这边的玩具问"这是谁的?"请儿童说"这是你的"。

我们还可以这样玩!

- 成人在生活中也请儿童多使用"你"和"我"来表达,如儿童要喝牛奶时,请儿童说"我要喝牛奶"。

🔔 特别要注意的事情

- 人称代词在使用时需要适时转换。在条件允许的情况下,可以让另一个成人在儿童身后为儿童示范正确的表达。
- 有时在生活中儿童说"给你"的实际意义是"给我",成人要及时纠正,当儿童表达正确后,再给儿童想要的物品。

掌握了吗?

- 如果儿童能连续5次正确使用"你"和"我",就达成目标了!

42. 让我来表演(双词句)

我们为什么这样做?

说双词句是儿童从说词语到说句子的过渡,这个活动的目标是让儿童能够说出5句以上的双词句。

儿童需要准备的

儿童需要具备一定的模仿能力,能说一些简单的词语。

成人需要准备的

儿童感兴趣的表示动作的图片。

开始玩吧!

- 成人将准备好的图片背面朝上放在桌面上,对儿童说"我们要一起来表演"。
- 翻开一张图片,假设图片上是小朋友在吃饭,成人做吃饭的动作,说"吃饭饭",请儿童也做吃饭的动作,说"吃饭饭"。
- 如果儿童有困难可再次吃饭并身体辅助,当儿童完成时,成人对儿童微笑说"表演得真好!"
- 用手指一指儿童,指一指卡片,请儿童翻开一张图片,假设图片上是小朋友在拍球,请儿童做指球的动作,说"拍球球"。
- 如果儿童能自己说出来就让儿童自己说,如果儿童不能自己说出来,成人可以先示范说"拍球球",成人和儿童一起做动作。
- 重复上述过程,成人和儿童轮流翻开图片,做动作、说短句。

我们还可以这样玩!

- 成人根据儿童的生活经验选择相应的图片,当儿童熟悉这些图片后,成人可以适当地对句子进行扩充,如儿童能够自己

如何 发展自闭谱系障碍儿童的沟通能力

说"吃饭饭"了,那么成人可以说"宝宝吃饭饭",请儿童模仿。

🔔 **特别要注意的事情**

- 鼓励儿童说话,即使说得不太好。
- 成人可以用夸张的动作和表情吸引儿童的兴趣。

掌握了吗?

- 如果儿童能够说出 5 句以上的双词句,就达成目标了!

图 3-4

图 3-5

注:成人可利用网络查找相应的图片(如图 3-4,图 3-5),或从本书最后提供的相册地址中下载。

43. 我讲你折（简单句）

我们为什么这样做？

儿童能说双词句以后就开始学习说简单句了，这个活动的目标是让儿童能说生活中常用的简单句。

> **儿童需要准备的**
>
> 儿童需要具备一定的精细动作和模仿能力，能说一些简单的双词句。
>
> **成人需要准备的**
>
> 漂亮的彩纸。

开始玩吧！

- 成人与儿童一起折纸，可先出示成品引起儿童的兴趣。
- 成人指导儿童折纸，说"把纸对折"，请儿童把纸对折，并说"把纸对折"。
- 仿照上述过程，每做一步用简洁的话描述一下，如"折出三角形""折出方形"等，请儿童模仿。
- 当儿童学会后，成人可以和儿童交换角色，说"现在请你教我折"，即重复上述过程，请儿童告诉成人怎么折，练习刚才说的步骤。

我们还可以这样玩!

- 成人可以根据儿童的能力和兴趣选择难度不等的折纸作品。

🔔 特别要注意的事情

- 在完成过程中一定要让儿童描述正在做的动作,如"对折""对准中间折""折一个三角形""变成了正方形"等。

掌握了吗?

- 如果儿童能说出 5 句以上相关的简单句,就达成目标了!

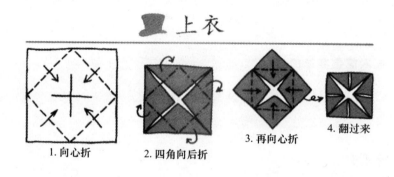

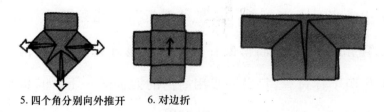

图 3-6

注:成人可利用网络查找各种东西的折法(如图 3-6)。

44. 我讲你做（简单句）

我们为什么这样做？

儿童能说双词句以后就开始学习说简单句了，这个活动的目标是让儿童能说出生活中常用的简单句。

> **儿童需要准备的**
>
> 儿童需要具备一定的规则理解能力和模仿能力，能说一些简单的双词句。
>
> **成人需要准备的**
>
> 儿童感兴趣的表示动作的图片。

开始玩吧！

- 成人将准备好的图片背面朝上放在桌面上，对儿童说"你来讲我来做"。
- 翻开一张图片，假设图片上是小女孩在跳舞，成人请儿童说"女孩在跳舞"。
- 开始的时候成人可以适当地提示和示范，如果儿童没有说出这句话，成人不做动作，当儿童说出这句话时，成人对儿童微笑说"说得真好！"然后表演跳舞的动作。

如何发展自闭谱系障碍儿童的沟通能力

- 请儿童再翻开一张图片,假设是小朋友在刷牙,同样成人请儿童说出"小朋友在刷牙"后,成人做出相应的动作。

- 重复上述过程,翻开不同的图片,说句子、做动作。

我们还可以这样玩!

- 成人根据儿童的生活经验选择相应的图片,当儿童熟悉这些图片后,成人可以要求儿童把句子说得更长一些。如儿童能够自己说"女孩在跳舞"了,那么成人可以说"女孩在跳舞,真漂亮",请儿童模仿。

🔔 **特别要注意的事情**

- 鼓励儿童说话,即使说得不太好,如果儿童很努力地在说,但还是说得不够清晰时,成人可以酌情鼓励儿童,做出相应的动作。

- 成人可以用夸张的动作和表情吸引儿童的兴趣。

掌握了吗?

- 如果儿童能够说出5句以上相应的双词句,就达成目标了!

45. 我讲你画1(简单句)

我们为什么这样做?

儿童能说双词句以后就开始学习说简单句了。这个活动的目标是让儿童能说出生活中常用的简单句。

儿童需要准备的

儿童需要具备一定的模仿能力和想象力,能说一些简单的双词句。

成人需要准备的

纸和画笔。

开始玩吧!

- 成人画几幅简单的图片来讲一个故事。
- 如画太阳升起宝宝起床,说"早上宝宝起床了",请儿童模仿。开始时儿童可能说不太好,只要努力模仿即可,之后逐步提高要求。
- 当儿童说完以后,成人可以在旁边画桌子和早餐,说"宝宝吃早饭",请儿童模仿。
- 当儿童说完以后,成人可以在旁边画一个小房子,说"宝宝去幼儿园",请儿童模仿。

我们还可以这样玩!

- 过程中成人可以不断丰富图画,如画一些大树、白云、小草、蝴蝶等,和儿童一起说"路边有树""树旁边有草""天上有云"等。

特别要注意的事情

- 在游戏过程中成人提醒儿童规则,要让儿童说出相应的句子以后,成人才会继续画。
- 在日常生活中也鼓励儿童描述身边的事物。

掌握了吗?

- 如果儿童能说出 10 句以上相应的完整句,就达成目标了!

46. 我讲你画 2(完整句)

我们为什么这样做?

儿童能说简单句以后就开始学习说完整句了,这个活动的目标是让儿童能说出生活中常用的完整句。

儿童需要准备的

儿童需要具备一定的模仿能力和想象力,能说一些简单句。

成人需要准备的

纸和画笔。

开始玩吧!

- 成人画几幅简单的图片(如图 3-7 和图 3-8)来讲一个故事。

图 3-7

图 3-8

- 如画一棵树,树上有几片新叶,说"春天树上发芽了",请儿童模仿。开始时儿童可能说不太好,只要努力模仿即可,之后逐步提高要求。

- 当儿童说完以后,成人可以在树上加许多的叶子,说"夏天树上长满叶子",请儿童模仿。

- 当儿童说完以后,成人可以在树上画一些苹果,把叶子涂上黄色,说"秋天树上结苹果了",请儿童模仿。
- 当儿童熟悉这个过程后,成人可以问儿童"后来又有了什么?"让儿童自己说。当儿童说出合理的事物后,成人可以把它画下来。

我们还可以这样玩!

- 以儿童能说出完整的句子为主,但在游戏过程中还可以说一说简单的句子或词语,如"这是大树""树上有苹果"等。
- 成人也可以请儿童自己来画,画完以后要说一说画了什么。

特别要注意的事情

- 在游戏过程中成人提醒儿童规则,要让儿童说出相应的句子以后,成人才会继续画。
- 鼓励儿童用完整句描述身边的事物。

掌握了吗?

- 如果儿童能说出10句以上相应的完整句,就达成目标了!

47. 我讲你画 3(复杂句)

我们为什么这样做?

儿童能说完整句以后就开始学习说复杂句了,这个活动的目标是让儿童能说出生活中常用的复杂句。

> **儿童需要准备的**
>
> 儿童需要具备一定的模仿能力和想象力,能说一些完整句。
>
> **成人需要准备的**
>
> 纸和画笔。

开始玩吧!

- 成人画几幅简单的图片来讲一个故事。

- 如画一个小猪拿着一块蛋糕,说"小猪今天过生日,它在吃蛋糕",请儿童模仿。开始时儿童可能说不太好,只要努力模仿即可,之后逐步提高要求。

- 当儿童说完以后,成人在旁边画蛋糕掉在了地上,说"哎呀,不好了,小猪不小心把蛋糕掉在了地上了",请儿童模仿。

- 当儿童说完以后,成人可以为小猪画上眼泪,说"小猪的蛋糕掉在了地上,它难过得哭了起来",请儿童模仿。

- 当儿童熟悉这个过程后,成人可以问儿童"后来又发生了什么?"让儿童自己说,成人可以把提到的事物画下来,请儿童把故事说完整。

我们还可以这样玩!

- 成人也可以请儿童自己来画,画完以后要告诉成人画了什么,发生了什么事情,尽可能地把故事说完整。

🔔 **特别要注意的事情**

- 成人用生活化的语言扩充儿童所说的话,再请儿童模仿,帮助儿童说出更多更加复杂的句子。
- 在日常生活中也鼓励儿童描述身边发生的事情。

掌握了吗?

- 如果儿童能说出10句以上相应的复杂句,就达成目标了!

48. 小小讲解员(这是……)

我们为什么这样做?

"这是……"是生活中常用的句型,这个活动的目标是让儿童能够独立运用"这是……"这个句型。

> **儿童需要准备的**
> 儿童需要达成一定的认知水平,能够说一些简单句。
>
> **成人需要准备的**
> 图画书及儿童喜欢的玩具等。

开始玩吧!

- 成人和儿童一起看儿童熟悉的图画书,成人指着图画书中的事物,问"这是什么?"或"这是谁?"请儿童回答。

- 如果儿童不知道这是什么,成人可以做示范,说"哦,这个我知道,这是……"问儿童"现在你知道了吗?这是什么?"
- 如果儿童答对了,成人要鼓励儿童"哦,说得真好,这是……"
- 成人可以在儿童回答的基础上进行补充,假设儿童说"这是小猪",成人可以说"嗯,这是小猪,是胖胖的小猪"。
- 当儿童熟悉这个游戏后,成人可以拿出儿童平时喜欢的一些玩具,问儿童"这都是你的玩具对吗?"指着玩具依次问儿童"这是什么?"请儿童回答。

我们还可以这样玩!

- 成人可以指着一个完整的物体请儿童回答是什么,可以指着局部请儿童回答是什么,如可以指着小猪的脚请儿童说这是什么。
- 日常生活中也可以多让儿童说一说这些都是什么,如向别人介绍"这是我的爸爸"等,可以和儿童看相册说一说相片里都是谁。

🔔 **特别要注意的事情**

- 鼓励儿童的表达,如果儿童说对了,要及时赞美儿童;如果儿童一下子答不上来,成人也可以给儿童选择,尽可能让儿童自己说出答案,如问儿童"这是小猫还是小狗?"

如何 发展自闭谱系障碍儿童的沟通能力

掌握了吗?

- 如果儿童能够针对 10 种以上不同的事物用"这是……"来表达,就达成目标了!

49. 小法官(用"是"/"不是"回答问题)

我们为什么这样做?

在日常生活中儿童需要进行是不是的判断,这也是儿童理解否定的基础,这个活动的目标是让儿童使用"是"或"不是"来回答问题。

儿童需要准备的

儿童需要达成一定的认知水平,能够说一些简单句。

成人需要准备的

儿童喜欢的一些图片或玩具等。

开始玩吧!

- 成人和儿童面对面,选择一项准备好的图片或玩具,放到儿童面前,假设是一只小球。
- 询问儿童"这是小球吗?"如果儿童回答说"是的!这是小球"。成人对儿童微笑,说"对啦!这是小球"。如果儿童回答有困难,或回答错误,成人可以示范纠正。

- 当儿童成功完成上一项问题后,成人再选择一项玩具或图片,放到儿童面前,假设是蛋糕。
- 成人询问儿童"这是饼干吗?"如果儿童回答说"不是!这是蛋糕"。成人对儿童微笑,说"回答得真棒!这不是饼干,是蛋糕"。如果儿童回答有困难,或回答错误,成人可以示范纠正。
- 完成后成人重新选择图片或玩具,重复上述过程。

我们还可以这样玩!

- 当儿童熟悉了"这是……吗?"的提问方式后,成人也可以问"这个是不是……"
- 帮助儿童把类似的语言运用到生活中,如对儿童说"去看一看今天妈妈做的是鱼吗?"

🔔 特别要注意的事情

- 成人可以配合手势和动作来帮助儿童理解是不是,如说"是"的时候点头,说"不是"的时候挥手摇头等。
- 儿童答对的时候尽可能热烈地赞扬儿童。

掌握了吗?

- 如果儿童能连续5次使用"是"和"不是"正确回答成人的问题,就达成目标了!

50. 饭店吃饭（提出要求）

我们为什么这样做？

学习用恰当的方式向他人提出自己的要求在生活中是非常有用的一项能力。这个活动的目标是让儿童能够向他人提出简单的要求。

儿童需要准备的

儿童需要达成一定的认知水平，具备一定的装扮游戏能力，能够说一些完整句。

成人需要准备的

一些食物的图片及可用于假装用餐情境的玩具等。

开始玩吧！

- 成人和儿童面对面，对儿童说，"我们到饭店里吃饭"。
- 把一些食物的图片或能假装是食物的玩具放在儿童面前，问"这里有很多吃的，你想要吃什么？"
- 请儿童说"我要……"如果儿童有困难，成人可以适当提示和示范，如问儿童"要不要吃鱼？如果要，可以说我要吃鱼"。
- 假设儿童说"我要吃鱼"，成人把"小鱼"给儿童说，"好的！给你鱼！你还要吃什么？"
- 重复几轮上述过程,问儿童"吃饱了吗？"儿童"吃饱了"以后,可以和成人一起收拾玩具,即让玩具"回家"。

我们还可以这样玩！
- 这个游戏的主要目的是让儿童练习说"我要……"但游戏过程中成人可以和儿童就此情境进行相关的对话,如"鱼好吃吗？""给我吃一口好吗"等。
- 日常生活中当儿童有需求的时候,也尽可能地要求儿童说出"我要……"才满足儿童的需要。

🔔 **特别要注意的事情**
- 成人要和儿童建立规则,即只有当儿童说出"我要……"之后,成人才会把相应的"食物"给儿童,儿童不可以自己随意去拿食物。
- 在前几次游戏时,成人可以适当介绍一下,饭店里有哪些食物,和儿童一起辨认一下"这是……"然后再让儿童说要吃什么。

掌握了吗？
- 如果儿童能针对 5 种以上不同的对象使用"我要……"来表达需求,就达成目标了！

51. 超市买东西 1（用"要"/"不要"回答问题）

我们为什么这样做？

在日常生活中儿童需要进行要不要的判断，这个活动的目标是让儿童使用"要"或"不要"来回答问题。

> **儿童需要准备的**
>
> 儿童需要具备一定的装扮游戏能力，能够说一些完整句。
>
> **成人需要准备的**
>
> 一些物品的图片及可用于假装购物情境的玩具等。

开始玩吧！

- 成人和儿童面对面，将一些物品的图片或假装是商品的玩具等放在儿童面前，对儿童说"今天我们到超市买东西"。
- 给儿童一个小篮子，指着图片或玩具问儿童"你想不想要……"
- 如果儿童回答起来有困难，成人可以适当提示和示范，如告诉儿童"如果要，可以说我要……"
- 如果儿童说出了"要的，我要……"，成人把相应的物品给儿童，对儿童说"好的，给你，把它放到篮子里"。

- 成人选择儿童讨厌的物品,问儿童"你想不想要……"请儿童说"不要,我不要……"
- 选择了若干物品后,成人对儿童说"我们去结账吧",成人和儿童假装结账。

我们还可以这样玩!

- 这个游戏的主要目的是让儿童练习说"我要……"和"我不要……"但过程中成人可以和儿童就此情境进行相关的对话,如"这是什么?""我们买了哪些东西?"等。
- 日常生活中当儿童有需求的时候,也尽可能地要求儿童说出"我要……"才满足儿童的需要;当儿童不喜欢做某件事情时,也请儿童用"我不要……"来表达。

🔔 特别要注意的事情

- 在前几次游戏时,成人可以适当介绍一下,超市里有哪些东西,和儿童一起辨认一下"这是……"然后在让儿童说要吃什么。
- 成人可根据儿童的能力在真实的购物情境中进行练习。

掌握了吗?

- 如果儿童能针对 5 种以上的对象用"我要……"和"我不要……"来回答问题,就达成目标了!

52. 超市买东西 2（提出要求）

我们为什么这样做？

在日常生活中儿童需要告诉别人自己的需求，或征求他人的意见。这个活动的目标是让儿童使用"我想要……好吗"来提出要求。

> **儿童需要准备的**
>
> 儿童需要具备一定的装扮游戏能力，能够说一些完整句。
>
> **成人需要准备的**
>
> 一些物品的图片及可用于假装购物情境的玩具等。

开始玩吧！

- 成人和儿童面对面，将一些物品的图片或假装是商品的玩具等放在儿童面前，对儿童说"今天我们到超市买东西"。
- 给儿童一个小篮子，问道"你想要买什么？"
- 如果儿童回答起来有困难，成人可以适当提示和示范，如告诉儿童"如果你想要……可以说我想要买……好吗？"
- 如果儿童说出了"我想要买……好吗？"成人把相应的物品给儿童，对儿童说"好的，给你，把它放到篮子里"。
- 选择了若干物品后，成人对儿童说"我们去结账吧"，成人和儿童假装结账。

我们还可以这样玩！

- 这个游戏的主要目的是让儿童练习说"我想要买……好吗？"但游戏过程中成人可以和儿童就此情境进行相关的对话。
- 成人还可以偶尔拒绝儿童的要求，如对儿童说"这个家里已经有了，今天不买了"或"今天买了好多了，下次再买吧"等。
- 在日常生活中成人也可以变换形式让儿童提出要求，如将儿童喜欢的东西放在高处儿童够不到的地方，当儿童想要时请儿童说"帮我拿一下……好吗？"等。

🔔 特别要注意的事情

- "我想要买……好吗？"的句型中出现了问句的形式，对儿童可能会有一些困难，成人可以用夸张一些的语调进行示范，帮助儿童掌握问句的语调。
- 成人可根据儿童的能力在真实的购物情境中进行练习。

掌握了吗？

- 如果儿童能针对5种以上的对象用"我想要……好吗？"来提出要求，就达成目标了！

53. 超市买东西3（提问，"你要什么"）

我们为什么这样做？

在日常生活中儿童需要向别人提出问题，这个活动的目标是让儿童使用"你要什么？"来提出问题。

儿童需要准备的

儿童需要具备一定的装扮游戏能力，能够完成"超市买东西2"。

成人需要准备的

一些物品的图片及可用于假装购物情境的玩具等。

开始玩吧！

- 成人和儿童面对面，将一些物品的图片或假装是商品的玩具等放在儿童面前，对儿童说"今天我们到超市买东西"。
- 把购物的小篮子放到自己面前，对儿童说"我要……把……拿给我"，请儿童将相应的物品给成人放进篮子里。
- 成人示范请儿童提问"你要什么？"如果儿童有困难，成人可以先带着儿童一起说，当儿童说出"你要什么？"后，成人回答"我要……把……拿给我"。

- 重复上述过程，在选择了若干物品后，成人对儿童说"我们去结账吧"，成人和儿童假装结账。

我们还可以这样玩！

- 当儿童熟悉游戏过程以后，成人也可以将"超市买东西 2"和"超市买东西 3"的训练结合起来，即成人和儿童轮流互相提问。

🔔 特别要注意的事情

- "你要什么？"是提问的句型，成人可以用夸张一些的语调进行示范，帮助儿童掌握问句的语调。
- 成人可根据儿童的能力在真实的购物情境中进行练习。

掌握了吗？

- 如果儿童能连续 5 次以上正确使用"你要什么？"来提出要求，就达成目标了！

54. 超市买东西 4（没有）

我们为什么这样做？

在日常生活中"没有"是一项基本的概念，这个活动的目标是让儿童在理解没有的基础上，使用"没有"来进行回应。

发展自闭谱系障碍儿童的沟通能力

儿童需要准备的

儿童需要具备一定的装扮游戏能力,能够完成"超市买东西3"。

成人需要准备的

一些物品的图片及可用于假装购物情境的玩具等。

开始玩吧!

- 成人和儿童面对面,将一些物品的图片或假装是商品的玩具等放在儿童面前,对儿童说"今天我们到超市买东西"。
- 把购物的小篮子放到自己面前,成人请儿童提问"你要什么?"
- 成人故意选择一项儿童面前没有的东西,回答道"我想要买……"
- 等待儿童的反应,成人可以根据儿童的反应进行修正和示范,请儿童说"没有……买别的吧"。
- 成人回答"好吧,那我要买……"间隔提出儿童面前有的或没有的物品。
- 在选择了若干物品后,成人对儿童说"我们去结账吧",成人和儿童假装结账。

我们还可以这样玩!

- 在生活情境中,成人也可让儿童观察"有没有",如"看一看杯子里还有水吗?""冰箱里还有酸奶吗?""房间里还有人吗?"等,并让儿童用恰当的语言来回答。

🔔 特别要注意的事情

- 成人可以注意引导儿童找一找到底有没有这样物品,有的话把这样物品递给成人,如果确实没有,就说"没有……了"。
- 成人可根据儿童的能力在真实的购物情境中进行练习。

掌握了吗?

- 如果儿童能连续5次以上正确使用"没有……了"来回答相应的问题,就达成目标了!

55. 生日派对(简单对话1)

我们为什么这样做?

进行符合情境的对话是沟通能力的体现,这个活动的目标是让儿童能够与成人在某个情境内进行几个回合的简单对话。

如何 发展自闭谱系障碍儿童的沟通能力

> **儿童需要准备的**
>
> 儿童需要具备一定的装扮游戏能力和表达能力。
>
> **成人需要准备的**
>
> 一些玩偶、玩具,与生日情境相关的图片等。

开始玩吧!

- 成人和儿童面对面,对儿童说"今天是小熊的生日,我们来给小熊过生日"。
- 把小熊玩偶(也可以是其他玩偶)给儿童,请儿童假装是小熊,说"小熊一个人在家,这时有人来敲门,笃笃笃"。
- 请儿童来开门,问"是谁来啦?"假设是小狗,请儿童回答"是小狗!"和小狗打招呼"你好,小狗"。
- 成人问"看看小狗带了什么礼物?"假设是蛋糕,请儿童回答"带了蛋糕!谢谢小狗!"请小狗进来坐。
- 又有其他"好朋友"来拜访,送给小熊礼物,重复上述过程。
- 当儿童熟悉这个游戏后,成人可以增加招待"好朋友"的环节,然后假装唱生日歌、吃蛋糕等。

我们还可以这样玩!

- 成人可根据儿童的生活经验对生日派对的情境进行调整。
- 可以根据儿童的情况在此情境中引发儿童更多的灵活对话,

调整对话的难度。

🔔 **特别要注意的事情**

- 鼓励儿童说话、描述当前的情境,如果说得不好,成人可以进行修正和补充。
- 成人可根据儿童的能力适当调整装扮游戏的环节和持续时间。

掌握了吗?

- 如果儿童能与成人进行连续两个回合的简单对话,就达成目标了!

56. 今天我当家(简单对话2)

我们为什么这样做?

进行符合情境的对话是沟通能力的体现,这个活动的目标是让儿童能够与成人在某个情境内进行几个回合的简单对话。

> **儿童需要准备的**
>
> 儿童需要具备一定的装扮游戏能力和表达能力。
>
> **成人需要准备的**
>
> 一些玩偶、玩具,与情境相关的图片等。

如何 发展自闭谱系障碍儿童的沟通能力

开始玩吧!

- 成人和儿童面对面,对儿童说"今天宝宝请了几个好朋友到家里做客"。
- 假装小熊在门口敲门,请儿童开门,接待小熊。
- 成人引导儿童请小熊进来,为小熊准备吃的东西,和小熊一起玩玩具等,如询问小熊"你要吃什么?""你想要玩什么?"等。
- 又有其他"好朋友"来拜访,重复练习上述过程。
- "好朋友"来齐了,一起玩了游戏以后,成人引导儿童和好朋友们再见,把好朋友们送回家。

我们还可以这样玩!

- 成人可根据儿童的生活经验对接待朋友的情境进行调整。
- 可以根据儿童的情况在此情境中引发儿童更多的灵活对话,调整对话的难度。

🔔 特别要注意的事情

- 鼓励儿童说话、描述当前的情境,如果说得不好,成人可以进行修正和补充。
- 成人可根据儿童的能力适当调整装扮游戏的环节和持续时间。

掌握了吗?

- 如果儿童能与成人进行连续三个回合的简单对话,就达成目标了!

57. 玩具不见了（回答在哪里）

我们为什么这样做？

理解"在哪里"的问题并用恰当的方式回答也是一种常用的沟通行为。这个活动的目标是让儿童能恰当回答他人提出的"在哪里"的问题。

> **儿童需要准备的**
>
> 儿童需要具备一定的规则理解能力，能说常用的完整句。
>
> **成人需要准备的**
>
> 一些儿童喜欢的玩具。

开始玩吧！

- 成人和儿童一起玩玩具，在儿童不注意的时候，将他喜欢的某个玩具偷偷地藏起来。
- 对儿童说"哎呀，玩具（玩具名称）不见了！去哪里了？"等待儿童自己去寻找。
- 如果儿童没有主动去寻找，成人可以拉着儿童一起来找。
- 找到以后对儿童说"找到了！玩具在桌子下面呀"。询问儿童"玩具在哪里？"请儿童模仿自己的话。

- 成人继续和儿童玩玩具,找机会重复上述过程,在重复的过程中逐渐撤销示范,如只问儿童"玩具找到了吗?""玩具在哪里?"请儿童回答。

我们还可以这样玩!

- 在其他游戏和日常生活中成人也可以寻找机会询问儿童"在哪里"的问题,如"你的鞋子在哪里?""鼻子在哪里?""爸爸在哪里?"等,可以先让儿童指一指,再过渡到用语言来描述具体位置。
- 如果儿童无法顺利回答出具体位置时,成人除了提供示范以外,还可以提供选择,如问儿童"是在桌子上,还是在椅子上呢?"

🔔 特别要注意的事情

- 成人可以用夸张的表情和语气表示东西不见了的焦急感,引起儿童的兴趣和注意。
- 当儿童找到东西,或说出东西的位置以后,成人表现出开心的样子,如"真厉害!你找到了!原来在这里啊"。

掌握了吗?

- 如果儿童能连续5次以上恰当回答成人提出的"在哪里"的问题,就达成目标了!

58. 这该怎么办（回答怎么办）

我们为什么这样做？

理解"怎么办"的问题并用恰当的方式回答也是一种常用的沟通行为，这个活动的目标是让儿童能恰当回答他人提出的"怎么办"的问题。

儿童需要准备的

儿童需要具备一定的规则理解能力，能说常用的完整句。

成人需要准备的

一些相应情境的图片。

开始玩吧！

- 成人和儿童面对面，将图片背面朝上放在儿童面前。
- 翻开一张图片，和儿童一起看，假设图片上是一个小朋友在打喷嚏，成人假装做打喷嚏的动作，问"打喷嚏了，感冒了，怎么办？"
- 等待儿童的反应，成人可以根据儿童的反应进行修正。如果儿童回答不出，那么成人可以告诉儿童"感冒了要看医生，要打针、吃药啊！"可以同时配合以动作，然后再问儿童"感冒了要怎么办？"请儿童模仿回答。

- 当儿童回答出这个问题以后,成人将这张图片放在旁边,请儿童翻开一张图片,重复上述过程。

我们还可以这样玩!

- 在其他游戏和日常生活中成人也可以寻找机会询问儿童"怎么办"的问题,如"饿不饿?饿了怎么办?"等。

🔔 **特别要注意的事情**

- 成人可以根据儿童的生活经验设计问题,问题尽可能与日常生活相关。
- 成人要鼓励儿童的回答,当儿童回答出了问题,成人要微笑着赞扬儿童。

掌握了吗?

- 如果儿童能恰当回答成人提出的5种以上的"怎么办"的问题,就达成目标了!

59. 盒子里的玩具(提问,"这是什么")

我们为什么这样做?

主动地恰当地提出问题是儿童与他人沟通的另一个里程碑,这个活动的目标是让儿童提出"这是什么"的问题。

> **儿童需要准备的**
>
> 儿童需要具备一定的规则理解能力,能说常用的完整句。
>
> **成人需要准备的**
>
> 盒子、卡片以及一些有趣的小玩具等。

开始玩吧!

- 成人在不透明的盒子里放一个小玩具或卡片等小物品,晃动盒子以引起儿童的兴趣。
- 告诉儿童"盒子里面有一个好玩的东西,你问我,我就告诉你里面是什么",成人请儿童提问"这是什么"或"里面是什么?"
- 如果儿童有困难,在开始时成人可以示范,或和儿童一起说"这是什么?"当儿童提出问题后,成人就打开盒子给儿童看,说"你看!这是……"
- 成人换一个东西放在盒子里,重复上述过程。

我们还可以这样玩!

- 成人也可以找一些儿童不知道的东西或卡片给儿童看,请儿童说说看"这是什么",如果儿童说不出,成人可以请儿童问"这是什么",成人再告诉儿童。
- 还可以由两个以上成人和儿童一起来轮流提问和回答,比如抽卡片,爸爸摸一张卡片,由妈妈来问爸爸"这是什么",然后

如何发展自闭谱系障碍儿童的沟通能力

爸爸翻开卡片,告诉妈妈卡片上是什么;然后妈妈摸卡片,由儿童来问妈妈"这是什么",然后妈妈翻开卡片,告诉儿童卡片上是什么,依此类推。

🔔 **特别要注意的事情**

- 成人可以通过夸张的表情和语气提示儿童用正确的语调表达问句。

掌握了吗?

- 如果儿童能针对5种不同的对象提出"这是什么"的问题,就达成目标了!

60. 我当小老师(提问,"这是……吗")

我们为什么这样做?

主动地恰当地提出问题体现了儿童主动与他人沟通的能力。这个活动的目标是让儿童提出"这是……吗"的问题。

儿童需要准备的

儿童需要具备一定的理解能力,能说常用的完整句。

成人需要准备的

一些相应情境的图片。

开始玩吧！

- 成人和儿童面对面，将图片背面朝上放在儿童面前。
- 翻开一张图片，和儿童一起看，假设图片上是一只青蛙，成人问儿童"这是青蛙吗？"请儿童回答。
- 当儿童回答完这个问题后，成人请儿童翻开一张图片，请儿童模仿成人刚刚的提问。
- 如果儿童有困难，在开始时成人可以示范或和儿童一起说，当儿童提出相应的问题后，成人回答儿童的提问。
- 成人继续翻开一张图片，重复上述过程。

我们还可以这样玩！

- 成人还可以用类似的方法让儿童提问"这是不是……"等问题。
- 可以在图片中加入一些儿童不认识的东西，请儿童猜一猜，然后问"这是……吗？"或"这是什么？"

🔔 **特别要注意的事情**

- 成人可以通过夸张的表情和语气提示儿童用正确的语调表达问句。
- 成人要鼓励儿童的回答，当儿童回答出了问题，成人要微笑着回答儿童。

掌握了吗？

- 如果儿童能连续 5 次以上正确提出"这是……吗"的问题，就达成目标了！

61. 捉迷藏（提问，"在哪里"）

我们为什么这样做？

恰当地提出问题体现了儿童主动与他人沟通的能力，"在哪里"是日常生活中常用的问句。这个活动的目标是让儿童提出"在哪里"的问题。

儿童需要准备的

儿童需要具备一定的规则理解能力。

成人需要准备的

儿童平时喜欢的玩具。

开始玩吧！

- 成人对儿童说"我们来玩捉迷藏的游戏，我把这个玩具藏起来，等一下你来找"，用眼罩将儿童的眼睛蒙住，并请儿童数到十。
- 把儿童喜欢的玩具藏起来，等儿童数到十以后，请儿童拿开眼罩，说"玩具不见了，我数到十，你来找"。
- 成人数到十，如果儿童还没有找到玩具，对儿童说"时间到了，你没有找到，那你问我吧，你问我，我就告诉你"，请儿童问"玩具在哪里?"
- 如果儿童有困难,在开始时成人可以示范或轻声地带着儿童一起说,当儿童问"玩具在哪里"后,成人告诉儿童玩具藏在了哪里。

我们还可以这样玩!

- 当儿童熟悉游戏规则以后,成人也可以和儿童交换角色,即由儿童来藏玩具,成人来寻找。
- 平时和儿童游戏时也可以将儿童喜欢的东西偷偷藏起来,当儿童要来寻找时,请儿童提问"玩具在哪里?"然后再告诉儿童东西在哪里。

🔔 **特别要注意的事情**

- 在游戏中成人可以多次提醒儿童游戏规则,尤其是在刚开始的时候,必须使儿童理解游戏规则,如学习等待、不可以偷看等。
- 有时成人也可以将玩具藏在容易找的地方,让儿童找到玩具,增加儿童对游戏的兴趣。

掌握了吗?

- 如果儿童5次以上独立正确地提问"在哪里",就达成目标了!

62. 百宝箱（回答用来干什么）

我们为什么这样做？

了解常用事物的用途并用恰当的语言表达出来是一种基本的表达能力。这个活动的目标是让儿童能够描述物品的功能。

儿童需要准备的

儿童需要具备一定的认知能力和语言表达能力。

成人需要准备的

一些常用的生活用品或儿童喜欢的物品，如杯子、牙刷、小汽车等。

开始玩吧！

- 成人将一些常用的生活用品或儿童喜欢的物品放在一个盒子里，像一个百宝箱一样。
- 吸引儿童的注意，从中拿出一件物品，对儿童说"看！这是什么？"
- 儿童回答出物品的名称，成人继续问"它可以用来干什么呢？"
- 等待一会儿，观察儿童的表现。如果儿童无法回答，成人可以用动作给出提示，如物品是牙刷，成人可以做刷牙的动作提示儿童；如果儿童还是无法回答，成人可以用语言来提示。

- 当儿童正确回答出该物品的用途以后，成人微笑着赞扬儿童"说得真好！看看我这里还有什么"，重复上述过程。

我们还可以这样玩！

- 成人也可以放一些儿童不太熟悉的物品询问儿童"这个可以用来干什么？"让儿童猜测物品的功能，如果可以的话，让儿童摆弄一下这个物体，再让儿童来描述。
- 成人可以根据儿童的语言表达能力要求儿童说出不同难度的句子，开始时可以简短地描述一下物品的功能，然后逐渐要求儿童表达得更加完整。

特别要注意的事情

- 在游戏中强调"……可以用来……"让儿童练习表达用途的基本句型，在儿童熟悉这个句型的基础上，可以再做一些灵活的变化。
- 鼓励儿童的表达，即使儿童说得不太确切，成人可以通过修正和示范，帮助儿童用更加确切的方式来表达。

掌握了吗？

- 如果儿童能独立完整地说出5种以上物品的用途，就达成目标了！

63. 猜猜是什么（描述一件物品）

我们为什么这样做？

描述一件物品能够帮助儿童练习运用语言的能力，这个活动的目标是让儿童能够简单地描述一件物品。

> **儿童需要准备的**
> 儿童需要具备一定的认知能力和语言表达能力。
> **成人需要准备的**
> 一个盒子、一个挡板（或大本故事书）和一些家里常用的玩具。

开始玩吧！

- 成人在盒子里放一些儿童平时玩的玩具或用的物品，告诉儿童"我们要玩一个游戏叫做猜猜是什么"。

- 先让儿童来猜，成人从盒子里挑出一个玩具，用一本大书挡住不让儿童看到是什么玩具，然后简单描述这个玩具，让儿童来猜。

- 儿童猜出以后，成人微笑地赞扬儿童"猜对啦！你真厉害"，同时把物品给儿童看。

- 成人和儿童交换角色，请儿童选择一个物品来描述，不能说出这个物品的名字，成人可以适当地提问引导儿童如何描述，如"它可以用来干什么？""是什么颜色的？"等。
- 等成人猜出以后，和儿童交换角色，重复上述过程。

我们还可以这样玩！

- 这个游戏也可以由两个以上的参与者共同参与，成人可以准备一些绘有不同图案的卡片来和儿童玩猜谜游戏，描述卡片上的东西，猜猜这是什么。
- 当儿童能够比较熟练地描述物品后，成人可以利用这个游戏帮助儿童练习提问，让儿童问"它是什么颜色？""它可以用来干什么？"等，成人来回答。

🔔 特别要注意的事情

- 注意提醒儿童每次只能挑选一个玩具，当儿童挑完玩具后，成人要注意将玩具收起，保持桌面整洁，以免儿童分散注意力。
- 注意提醒儿童游戏规则，猜的时候不可以偷看，描述的时候只能描述这件物品的特点，不能说出这个物品的名字。

掌握了吗？

- 如果儿童能恰当地描述五个以上的物品，就达成目标了！

64. 游乐园1（谁在干什么）

我们为什么这样做？

描述简单事件能够帮助儿童练习运用语言的能力，这个活动的目标是让儿童能够简单地描述一件事情。

儿童需要准备的

儿童需要具备一定的模仿能力和表达能力，能说完整句。

成人需要准备的

有趣的图片或故事书。

开始玩吧！

- 成人和儿童一起看图片或故事书，指着图片中的一个对象描述它在做什么，如指着小鱼说"小雨在河里游泳"。
- 问儿童"小鱼在干什么？"请儿童模仿成人的话说"小鱼在河里游泳"。
- 指着图片中的其他对象，如小兔，问"小兔在干什么"，请儿童回答。
- 如果儿童有困难，开始时成人可以示范，或和儿童一起说，当儿童回答出以后，成人对儿童微笑说"你说得真好"。

- 成人指向图中的其他对象,重复上述过程。

我们还可以这样玩!

- 成人还可以利用儿童的玩具布置一个场景,如小熊拿着笔、小狗面前放着吃的东西等,请儿童说一说大家都在哪里干什么。
- 日常生活中成人也可以有意识地问儿童"谁在哪里做什么",如请儿童说"妈妈在厨房里烧菜""妈妈在客厅里看电视"等。

🔔 **特别要注意的事情**

- 尽可能利用儿童感兴趣的图片或故事书。
- 鼓励儿童说话,当儿童描述得不恰当时,成人可以修正。如果儿童看了图片或场景后自发表达出其他的语句,成人也可以利用机会和儿童自然交谈。

掌握了吗?

- 如果儿童能独立描述 5 种以上对象在哪里做什么,就达成目标了!

65. 游乐园 2(描述人物是否存在)

我们为什么这样做?

描述简单事件能够帮助儿童练习运用语言的能力,这个活动的目标是让儿童能够描述出现的新事物和不见了的旧事物。

如何 发展自闭谱系障碍儿童的沟通能力

儿童需要准备的

儿童需要具备一定的模仿能力和表达能力,能说完整句。

成人需要准备的

一些儿童喜欢的玩具。

开始玩吧!

- 成人将一些儿童喜欢的玩具摆成一个简单的场景,先向儿童简单描述一下这个场景,参见"游乐园1"。

- 请儿童把眼睛闭起来数到3,成人在此场景中增加一个事物,或拿走一个事物,然后请儿童把眼睛睁开看一看有什么变化。

- 等待一会儿,观察儿童的表现,如果儿童无法回答,成人提问来引导儿童,如"看看那里多了什么",或"看看那里少了什么",如果儿童还是无法回答,成人可以示范,如"小熊不见了,它走掉了"等,请儿童模仿。

- 当儿童描述出"……不见了",或"多了……"之后,成人赞扬儿童,然后可以和儿童"再玩一次",请儿童闭上眼睛,重复上述过程。

我们还可以这样玩!

- 当儿童熟悉游戏过程后,成人和儿童也可以交换角色,即成人闭上眼睛,儿童来拿走或增加一个事物,成人来说一说多了什么或少了什么;成人有时也可以故意发现不了,请儿童来说答案。

- 成人还可以在房间的明显位置增添一个物品或拿掉一些物品,观察儿童有何反应,或请儿童描述一下家里的变化,如问"床上多了什么?""爸爸呢?"请儿童回答"床上放了一个新娃娃""爸爸出去买东西了"等。

🔔 特别要注意的事情

- 在开始游戏时成人可以在明显的位置拿走或增加物品,之后可以在一些细微的地方做一些变化,考察儿童的观察力。
- 儿童可能会对摆放物品有一些刻板的要求,通过游戏中的变化和家庭生活中的细微变化,来帮助儿童适应变化。

掌握了吗?

- 如果儿童能独立描述5种以上场景的变化,就达成目标了!

66. 编故事(简单描述事件)

我们为什么这样做?

编故事可以帮助儿童发挥想象力、练习如何恰当地运用语言,这个活动的目标是让儿童能用一句话编一个小故事。

发展自闭谱系障碍儿童的沟通能力

> **儿童需要准备的**
> 儿童需要具备一定的模仿能力和表达能力,能说完整句。
> **成人需要准备的**
> 一些有关人物、动作及场景的图片。

开始玩吧!

- 成人和儿童面对面,在儿童面前背面向上放一些有关人物、动作及场景的图片。

- 对儿童说"今天我们要来编故事!我先来,翻开三张图片"。成人任意选择三张图片翻开,如小男孩、自行车、公园,那么成人可以指着图片说"休息天,一个小男孩骑着自行车去公园玩"。

- 成人把这三张图片收起来,对儿童说"故事讲完啦!现在轮到你啦"。

- 请儿童任意选择三张图片翻开,用一句话讲一个故事,如果儿童无法回答,成人可以通过提问来引导儿童,如"他是谁""他要去干什么"等,如果儿童还是无法回答,成人可以提示一部分或示范后请儿童模仿。

- 儿童讲完故事之后,成人微笑着对儿童说"你讲得真好!现在又轮到我啦",重复上述过程。

我们还可以这样玩！

- 成人不一定每次要求翻开三张图片，可以根据儿童的表达能力进行调整，在开始时可以让儿童翻开两张图片，然后逐步增加翻开图片的数量。
- 在日常生活中也可以鼓励儿童用一句话简单描述一件事情。

🔔 **特别要注意的事情**

- 儿童不恰当的语言表达可能体现了儿童渴望表达的愿望，因此成人尽可能地鼓励儿童的表达，然后适当地修正儿童自己的话。

掌握了吗？

- 如果儿童能独立用一句话编出 5 个以上的故事，就达成目标了！

67. 搭积木（用语言表达意图）

我们为什么这样做？

这个活动让儿童通过语言来指挥成人搭积木，可以帮助儿童练习如何恰当地运用语言，活动的目标是让儿童能通过语言来表达自己的意图。

发展自闭谱系障碍儿童的沟通能力

> **儿童需要准备的**
>
> 儿童需要具备一定的模仿能力和表达能力,能说完整句。
>
> **成人需要准备的**
>
> 儿童平时玩的积木。

开始玩吧!

- 成人和儿童面对面,在自己面前放一些积木,告诉儿童"今天我们来搭积木,你来告诉我怎么搭,但是你不可以自己来搭"。

- 询问儿童"先搭什么?"请儿童回答,儿童需要回答"把……颜色/形状的积木放在……"

- 如果儿童无法回答,成人提问来引导儿童,如"现在拿哪一块积木?""什么颜色的"等,如果儿童还是无法回答,成人可以示范,如"红色的方形积木放在中间"等,请儿童模仿。

- 继续询问儿童"接下来再搭什么?"重复上述过程。

- 搭出一个完整的造型以后,成人鼓励儿童"搭得真好",然后可以和儿童交换角色,成人来说怎么搭,让儿童来搭。

我们还可以这样玩!

- 成人除了准备积木以外,还可以准备一些儿童喜欢的玩具,儿童也可以运用这些玩具和积木一起做成一个完整的造型,如小熊猫坐在车子上等。

🔔 **特别要注意的事情**

- 在游戏中成人可以多次提醒儿童游戏规则,尤其是在刚开始的时候,让儿童知道只可以用嘴巴说怎么搭,不可以自己用手来搭。
- 根据儿童的能力水平,开始时成人可以准备少量的积木供儿童选择,然后逐渐增加积木的数量和种类。

掌握了吗?

- 如果儿童能3次以上指导成人搭成一个完整的造型,就达成目标了!

68. 发玩具(简单对话3)

我们为什么这样做?

进行符合情境的对话是沟通能力的体现,这个活动的目标是让儿童能够与成人在某个情境内进行几个回合的简单对话。

儿童需要准备的

儿童需要具备一定的装扮能力和表达能力。

成人需要准备的

一些玩偶、儿童喜欢的玩具或常用物品等。

发展自闭谱系障碍儿童的沟通能力

开始玩吧!

- 成人和儿童面对面,对儿童说"今天你当小老师,要发给小朋友们玩具"。
- 将几个玩偶放在儿童面前,说"来了这几个小朋友,有……"
- 成人引导儿童询问小玩偶,"你想要玩什么?""这个你喜欢吗"等,成人假扮玩偶和儿童对话。
- 儿童依次把玩具发给几个小玩偶,成人假扮玩偶要求换玩具,如"小老师,我想和小熊换玩具可以吗?"引导儿童用恰当的方式来应对。
- 时间到了,小老师要收玩具了,请儿童依次向几个小玩偶来收玩具,说"时间到了,玩具要收起来"等。

我们还可以这样玩!

- 成人可以根据儿童的能力水平,在这个情境内增加一些突发事件,如假装"玩具弄坏了,怎么办""两个小朋友要争一个玩具吵起来了,怎么办"观察儿童的反应,引导儿童用恰当的方式应对。

🔔 特别要注意的事情

- 如果条件允许,这个游戏可以由两个成人来引导儿童完成。其中一个成人假扮玩偶,另一个成人示范和指导儿童该如何应对。

掌握了吗？

- 如果儿童能与成人进行连续四个回合的简单对话,就达成目标了!

69. 谁把东西拿走了（观察力,"因为""所以"）

我们为什么这样做？

儿童需要理解和表达生活中一些简单的逻辑关系。这个活动的目标是让儿童能用"因为""所以"简述一件事情。

> **儿童需要准备的**
> 儿童需要具备一定的观察能力和逻辑推理能力。
>
> **成人需要准备的**
> 准备一些儿童感兴趣的与居家环境相关的图片和动物脚印的图片。

开始玩吧！

- 成人用图片布置一个房间,如放上桌子、沙发、电视、零食等的图片,和儿童一起说一说房间里有些什么。
- 请儿童闭上眼睛或转过头去,成人在房间里放上小狗脚印的图片,拿走桌上的零食。

- 请儿童睁开眼睛或回过头来看,观察房间里发生了什么变化,成人可以问"什么东西没有了?""被谁拿走了?"引导儿童回答"小狗把零食拿走了"。
- 成人问儿童"为什么是小狗拿走的?"请儿童回答"因为家里有小狗的脚印,小狗来过了,所以零食是小狗拿走的"。
- 如果儿童有困难,成人可以适当引导和示范,当儿童用"因为""所以"表达出了相应的意思后,成人赞扬儿童"说得真好",然后重复上述过程。

图 3-9

我们还可以这样玩!

- 成人也可以使用其他的线索让儿童知道"谁把什么拿走了",如"因为长颈鹿很高,所以房顶上的灯是长颈鹿拿走的""因为猴子喜欢吃香蕉,所以桌子上的香蕉是猴子拿走的"等。
- 在生活中也可以注意引导儿童理解因果关系,如"小妹妹哭了,因为小妹妹摔倒了,很痛,所以她哭了"。

🔔 **特别要注意的事情**

- 提醒儿童游戏规则,如桌子上的图片不可以乱碰、闭上眼睛时不可以偷看。
- 鼓励儿童的表达,当儿童在努力表达时,成人要予以肯定。

掌握了吗?

- 如果儿童能3次以上恰当地用"因为""所以"说一句完整的话,就达成目标了!

70. 小动物找工作("因为""所以")

我们为什么这样做?

儿童需要理解和表达生活中一些简单的逻辑关系,这个活动的目标是让儿童能用"因为""所以"简述一件事情。

儿童需要准备的

儿童需要具备一定的认知能力和逻辑推理能力。

成人需要准备的

准备一些儿童感兴趣的与职业相关的图片和动物图片。

如何 发展自闭谱系障碍儿童的沟通能力

开始玩吧！

- 成人和儿童面对面，对儿童说"今天我们要给小动物们找工作"。

- 在桌面上放"剪头发""摘果子"和"螃蟹"的图片，对儿童说"小螃蟹要找工作，一份是剪头发的工作，另一份是摘果子的工作，后来小螃蟹选了哪一个？"引导儿童回答。

- 询问儿童"为什么小螃蟹选择了剪头发的工作呢？"引导儿童回答"因为小螃蟹有两把剪刀，所以可以帮别人剪头发"。

- 询问儿童"为什么小螃蟹不能做摘果子的工作呢？"引导儿童回答"因为小螃蟹太矮了，摘不到果子"或"因为小螃蟹的剪刀会把果子弄坏，所以不能做摘果子的工作"。

- 如果儿童在回答时有困难，成人可以适当地引导和示范，如果儿童在努力回答，成人要予以肯定，当儿童回答出以后，成人赞扬儿童"说得真好"，然后收起这三张图片，拿出其他图片，重复上述过程。

我们还可以这样玩！

- 成人可以让某个小动物从几个工作中选择一个，也可以假装几个小动物竞争一份工作。

- 在生活中也可以注意引导儿童理解因果关系。

🔔 **特别要注意的事情**

- 通过不同的提问，反复帮助儿童理解因果关系并练习用"因为""所以"来表达。

- 鼓励儿童的表达,当儿童在努力表达时,成人要予以肯定。

掌握了吗?

- 如果儿童能 5 次以上恰当地用"因为""所以"说一句完整的话,就达成目标了!

71. 一起看动画片(描述正在/刚刚发生的事)

我们为什么这样做?

描述正在发生或刚刚发生的事是常用的沟通技能,这个活动的目标是让儿童能用简短的语言描述正在发生或刚刚发生的事情。

儿童需要准备的

儿童需要具备一定的表达能力,能说完整句,能与他人维持几个回合的对话。

成人需要准备的

儿童喜欢的动画片视频。

开始玩吧!

- 成人和儿童一起看儿童喜欢的动画片。
- 成人选择时机暂停动画片,根据动画片的情景询问儿童"里面有谁?""他在那里干什么?""他遇到了谁?""他在和谁说话?"等问题,请儿童回答。

- 如果儿童在回答时有困难,成人可以适当地引导和示范,如果儿童在努力回答,成人要予以肯定,当儿童回答出以后,成人赞扬儿童"说得真好"。
- 和儿童继续看动画片,重复上述过程。

我们还可以这样玩!

- 成人也可以拍摄一些和儿童外出游玩的视频,和儿童一起看这些视频,请儿童来说一说发生了什么。
- 在日常生活中,成人也可以引导儿童观察并描述周围正在发生的事情,如可以带儿童在小区内散步,说一说看到的人们在干什么等。

特别要注意的事情

- 选择的动画片不宜过长,在一集动画片内过几分钟停顿一次,等儿童回答出相应的问题后,才能继续看后面的内容。
- 成人所提问题的难度根据儿童的能力水平而定,开始时问题可以简单一些,之后逐渐增加问题的难度。

掌握了吗?

- 如果儿童能5次以上使用恰当的语言独立描述正在发生或刚刚发生的事情,就达成目标了!

72. 我的一天（简单描述生活事件）

我们为什么这样做？

描述自己的一天可以帮助儿童练习运用语言的能力，这个活动的目标是让儿童能用简洁的语言描述自己的一天。

> **儿童需要准备的**
>
> 儿童需要具备一定的表达能力，能说完整句。
>
> **成人需要准备的**
>
> 拍摄一些儿童日常生活情境的照片。

开始玩吧！

- 成人和儿童一起按顺序看儿童一天的生活照片。
- 成人可以先和儿童一起说一说这些照片上都有谁，或有些什么。
- 请儿童说一说"什么时候谁在干什么"，如"早上我起床了，妈妈在帮我穿衣服""中午，爸爸妈妈和我一起吃饭"，根据儿童的表达情况，可适当补充细节。
- 如果儿童在回答时有困难，成人可以适当地引导和示范，如果儿童努力回答了，成人要予以肯定，当儿童回答出以后，成人赞扬儿童"说得真好"。

- 利用这些照片,成人和儿童重复讲儿童的一天,直到儿童能够独立说为止。

我们还可以这样玩!

- 当儿童基本可以独立讲出"我的一天"后,成人可以适当加入新的照片,并扩充说话内容,使儿童的表达更加具体和完整。

🔔 特别要注意的事情

- 建议成人将儿童的日常生活照片打印并装订,使儿童可以反复翻看。
- 鼓励儿童,独立进行表达,开始时可以允许儿童说简短的句子,然后逐渐完善,引导儿童独立讲出自己的一天。

掌握了吗?

- 如果儿童能独立说出自己的一天(包括3张以上的照片),就达成目标了!

73. 上幼儿园(简单描述生活事件)

我们为什么这样做?

描述发生过的事可以帮助儿童练习运用语言的能力。这个活动的目标是让儿童能描述上幼儿园的情景。

儿童需要准备的

儿童需要具备一定的装扮游戏能力和表达能力,能说完整句。

成人需要准备的

了解儿童上幼儿园的基本情况,准备一些玩具。

开始玩吧!

- 成人与儿童面对面,拿着玩偶对儿童说"今天我们带它上幼儿园"。

- 拿着玩偶说"到幼儿园了,和爸爸妈妈再见",同时做相应的手势。

- 将玩偶给儿童,说"然后呢?"请儿童继续说进入幼儿园之后的事情。

- 如果儿童有困难,成人可以适当地提问引导,儿童在努力说的时候,成人要予以肯定,允许适当想象的成分,说的同时请儿童带着玩偶假装做相应的事情。

- 在儿童说的时候,成人认真倾听,并做适当的修正和补充。

我们还可以这样玩!

- 成人可以拍摄亲子活动日的情况,和儿童一起来看视频并描述活动日的情境。

- 在接儿童回家的途中和儿童聊聊幼儿园里发生的事情。

🔔 特别要注意的事情

- 成人可以向幼儿园老师了解儿童在幼儿园的情况、做过的事情，以便引导儿童描述幼儿园的事情。
- 鼓励儿童进行表达，开始时可以允许儿童说简短的句子，然后逐渐完善，引导儿童独立讲出幼儿园发生的事情。

掌握了吗？

- 如果儿童能独立地用 5 句话以上来描述幼儿园内发生的事情，就达成目标了！

74. 讲故事 1（看故事书讲故事）

我们为什么这样做？

讲故事的活动能够培养儿童完整描述一件事情的能力，这个活动的目标是让儿童能借助书本讲一个简短的故事。

> **儿童需要准备的**
> 儿童需要具备一定的理解能力和表达能力，能说完整句。
>
> **成人需要准备的**
> 适合学龄前儿童阅读的故事书。

开始玩吧!

- 成人和儿童一起看故事书,先把这个故事讲给儿童听。
- 当儿童熟悉这个故事以后,请儿童来讲,开始时可以先让儿童讲一讲故事中出现的人或物。
- 无论儿童说得好不好,成人都鼓励儿童,保证儿童能够对着每页故事书说几个词或短句。
- 成人逐渐在每页故事中通过提问或示范帮助儿童将故事说完整。

我们还可以这样玩!

- 成人可以每天抽一点时间陪儿童阅读故事书。同一本书可以反复多次阅读,鼓励儿童把这个故事讲给其他人听。

🔔 特别要注意的事情

- 引导儿童注意故事的主要线索而不是无关背景。

掌握了吗?

- 如果儿童能借助书本讲一个简短的故事,就达成目标了!

75. 讲故事2(轮流讲故事)

我们为什么这样做?

讲故事的活动能够培养儿童完整描述一件事情的能力。这个

如何 发展自闭谱系障碍儿童的沟通能力

活动的目标是让儿童能借助书本和成人一起轮流讲故事。

> **儿童需要准备的**
>
> 儿童需要具备一定的理解能力和表达能力,能说完整句。
>
> **成人需要准备的**
>
> 适合学龄前儿童阅读的故事书。

开始玩吧!

- 成人和儿童一起看故事书,先把这个故事讲给儿童听。
- 当儿童熟悉这个故事以后,成人可以讲一页,再请儿童讲一页,两人轮流将故事继续下去。
- 如果儿童有困难,成人可以适当地提问引导,儿童在努力说的时候,成人要予以肯定。
- 成人逐渐在每页故事中通过提问或示范帮助儿童将故事说完整。

我们还可以这样玩!

- 成人和儿童不一定要一页一页轮流讲,也可以在儿童遇到困难的时候接着讲下去,讲完一小段后停下来,请儿童继续。

🔔 **特别要注意的事情**

- 培养儿童耐心听别人讲故事的能力。

- 和成人轮流讲的故事可以比儿童独立讲的故事更加复杂一些。

掌握了吗?

- 如果儿童能和成人一起轮流讲一个故事,就达成目标了!

76. 午睡的时候(复述故事)

我们为什么这样做?

复述故事可以培养儿童语言理解和记忆的能力。这个活动的目标是让儿童能复述成人讲的简单故事。

> **儿童需要准备的**
> 儿童需要具备一定的理解能力和表达能力,能说完整句。
> **成人需要准备的**
> 一些与故事相关的图片。

开始玩吧!

- 成人用几句话讲一个小故事,然后请儿童来复述。
- 当儿童的注意集中到成人身上时,成人开始讲故事"小丁丁在睡觉,这时有人敲门,小丁丁去开门,原来是大象来了,小丁丁请大象吃蛋糕",讲故事的时候配合以手势和图片。

如何 发展自闭谱系障碍儿童的沟通能力

- 故事讲完了,请儿童来复述,如果儿童记不得,成人可以用手势和图片来提示儿童,如果儿童依然说不出,成人可以用语言提示或示范,当儿童把故事讲完后,成人要表扬儿童。

- 成人又开始讲故事,在前一个故事的基础上做一些改变,如"小胖在睡觉,这是有人敲门,小胖去开门,原来是长颈鹿来了,小胖请长颈鹿吃冰激凌",重复上述过程。

我们还可以这样玩!

- 成人不一定要讲午睡的故事,也可以根据儿童的生活经验设计其他场景的故事。

- 平时也可以问儿童一些问题考查儿童是否听懂了成人的话,如"刚刚妈妈说了什么?"

🔔 特别要注意的事情

- 建议成人在编故事时适当运用重复的话,帮助儿童记忆,也给儿童多一些练习的机会。

- 鼓励儿童讲故事,儿童也可以在原有故事的基础上添加情节,支持儿童来编故事。

掌握了吗?

- 如果儿童能复述成人所讲5句话左右的故事,就达成目标了!

77. 你要去哪里（元语言）

我们为什么这样做？

引用他人的话也是一种语言能力。这个活动的目标是让儿童能在叙述中使用"某某说……"的句型。

儿童需要准备的

儿童需要具备一定的理解能力和表达能力，能说完整句。

成人需要准备的

纸片、笔、小人的图片。

开始玩吧！

- 成人用几句话讲一个小故事，然后请儿童来复述。

- "丁丁遇到了明明，丁丁说'你好！我是丁丁'，明明说'你好！我是明明'"配合以手势和图片，同时可以在小纸片上标注他们说的话。

- 请儿童来复述，如果儿童记不得，成人可以用手势和图片来提示儿童，如果儿童依然说不出，成人可以用语言提示或示范，当儿童把故事讲完后，成人要表扬儿童。

- 成人又开始讲故事，在前一个故事的基础上做一些改变，如

"丁丁遇到了明明,丁丁问'你去哪里?'明明说'我去游泳'"。重复上述过程。

我们还可以这样玩!

- 成人可以根据儿童的生活经验设计其他场景的对话。
- 平时也可以给儿童机会复述成人的对话,如"刚刚爷爷对奶奶说了什么?"

特别要注意的事情

- 建议成人在编故事时适当运用重复的话,帮助儿童记忆,也给儿童多一些练习的机会。
- 鼓励儿童说故事,儿童也可以在原有故事的基础上添加情节,支持儿童来编故事。

掌握了吗?

- 如果儿童能复述他人两个回合的对话,就达成目标了!

图 3-10

78. 打电话

我们为什么这样做？

打电话也是生活中的一种沟通形式，这个活动的目标是让儿童能接听电话并用电话与他人简单对话。

儿童需要准备的

儿童需要具备一定的装扮游戏能力和表达能力，能够与他人进行几个回合的对话。

成人需要准备的

玩具电话。

开始玩吧！

- 成人使用玩具电话（或手势）假装和儿童打电话。
- 开始时成人可以和儿童面对面假装打电话，然后逐渐与儿童拉开距离，如儿童在卧室里，而成人走到客厅里和儿童假装打电话。
- 成人打家里的电话，请儿童接电话，和儿童简单对话几句，挂断电话。
- 成人外出、儿童由另一个成人照顾时，成人向家里打电话，请儿童听电话,并简单对话几句。

我们还可以这样玩!

- 平时成人和家人打电话时给儿童接听电话的机会。
- 在家中成人可以假装给儿童打电话请儿童帮忙,如"喂,宝宝在吗?宝宝帮妈妈拿一张纸巾好吗?"

🔔 **特别要注意的事情**

- 成人可以使用玩具电话、积木、手势等物品假装电话,请儿童模仿自己的动作。
- 成人尽可能地使用夸张的声调和语气来吸引儿童的兴趣。

掌握了吗?

- 如果儿童能接听电话并用电话与他人简单对话几句,就达成目标了!

第四部分

资源推荐

发展自闭谱系障碍儿童的沟通能力

一　推荐儿童书

1. 《0—3岁小婴孩必备全书：经典童话本》
2. 《好饿的毛毛虫》
3. 《走开,绿色大怪物!》
4. 《鳄鱼怕怕牙医怕怕》
5. 《猜猜我有多爱你》
6. 《爷爷一定有办法》
7. 《小房子》
8. 《逃家小兔》
9. "小兔汤姆"系列
10. "巧虎"系列
11. "身边科学"系列

推荐家长书目

1. Toni W. Linder.在游戏中发展儿童——以游戏为基础的跨学科儿童干预法[M].陈学锋、江泽菲等译.上海：华东师范大学出版社,2008.

2. Ron Leaf & John McEachin.孤独症儿童行为管理策略及行为治疗课程[M].蔡飞译.北京：华夏出版社,2008.

3. 黄伟合.儿童自闭症及其他发展性障碍的行为干预[M].上海：华东师范大学出版社,2003.

推荐应用软件

1. 宝宝学拼音
2. 宝宝学拼音——翻翻学

四 推荐网站

1. 优酷（可以搜索"孤独症儿童康复用动画片运输汽车 20 集全"）

2. 宝宝知库（网址 http://book.pcbaby.com.cn/）

3. 豆瓣（网址 http://www.douban.com/people/eoszxc/photos，您可以在这个相册中下载图片）

参 考 文 献

1. David R. Shaffer. 发展心理学——儿童与青少年(第六版)[M]. 邹泓译,北京：中国轻工业出版社,2005.

2. Toni W. Linder. 在游戏中发展儿童——以游戏为基础的跨学科儿童干预法[M]. 陈学锋、江泽菲等译,上海：华东师范大学出版社,2008.

3. 曹倩璐. 自闭症在英国的诊疗[M]. 上海：上海科学技术文献出版社,2008.

4. 黄伟合. 儿童自闭症及其他发展性障碍的行为干预[M]. 上海：华东师范大学出版社,2003.

5. 杨晓玲、蔡逸周. 解密孤独症[M]. 北京：华夏出版社,2007.

6. 张明红. 学前儿童语言教育(第二版)[M]. 上海：华东师范大学出版社,2006.

7. 桑标. 当代儿童发展心理学[M]. 上海：上海教育出版社,2006.

8. 魏寿洪. 学前自闭症儿童主动沟通行动的实验及干预研究硕士学位论文[D]. 重庆师范大学,2008.

9. Boddaert N., Chabane N., Belin P., et al. Perception of com-

plex sounds in autism: Abnormal auditory cortical processing in children [J]. Am J Psychiatry, 2004, 161(11): 2117-2120.

10. Nancy M. Johnson-Martin, Bonnie J. Hacker, M. H. S., Susan M. Attermeier. *The Carolina Curriculum for Preschoolers with Special Needs* [M]. Second Edition. Paul H. Brookes Publishing, 2004.

11. Nancy M. Johnson-Martin, Bonnie J. Hacker, M. H. S., Susan M. Attermeier. *The Carolina Curriculum for Infants and Toddlers with Special Needs* [M]. Third Edition. Paul H. Brookes Publishing, 2004.

北京大学出版社 教育出版中心 精品图书

21世纪特殊教育创新教材·发展与教育系列

书名	编著者	定价
视觉障碍儿童的发展与教育	邓 猛 编著	33元
听觉障碍儿童的发展与教育	贺荟中 编著	29元
智力障碍儿童的发展与教育	刘春玲 马红英 编著	32元
学习困难儿童的发展与教育	赵 微 编著	32元
自闭症谱系障碍儿童的发展与教育	周念丽 编著	27元
情绪与行为障碍儿童的发展与教育	李闻戈 编著	32元
超常儿童的发展与教育	苏雪云 张 旭 编著	31元

21世纪特殊教育创新教材·康复与训练系列

书名	编著者	定价
特殊儿童应用行为分析	李 芳 李 丹 编著	29元
特殊儿童的游戏治疗	周念丽 编著	26元
特殊儿童的美术治疗	孙 霞 编著	38元
特殊儿童的音乐治疗	胡世红 编著	32元
特殊儿童的心理治疗	杨广学 编著	32元
特殊教育的辅具与康复	蒋建荣 编著	29元
特殊儿童的感觉统合训练	王和平 编著	38元

教师资格认定及师范类毕业生上岗考试辅导教材

书名	编著者	定价
教育学	余文森 王 晞 主编	26元
教育心理学概论	连 榕 罗丽芳 主编	36元

21世纪教育科学系列教材·学科教学论系列

书名	编著者	定价
新理念化学教学论	王后雄 主编	38元
新理念科学教学论（第二版）	崔 鸿 张海珠 主编	36元
新理念生物教学论	崔 鸿 郑晓蕙 主编	36元
新理念地理教学论（第二版）	李家清 主编	39元
新理念历史教学论（第二版）	杜 芳 主编	29元
新理念思想政治（品德）教学论	胡田庚 主编	32元
新理念信息技术教学论（第二版）	吴军其 主编	32元

21世纪教育科学系列教材·学科教学技能训练系列

书名	编著者	定价
新理念化学教学技能训练	王后雄 主编	28元
新理念思想政治（品德）教学技能训练	胡田庚 主编	26元
新理念地理教学技能训练	李家清 主编	32元
新理念生物教学技能训练	崔 鸿 主编	29元

21世纪教师教育系列教材·物理教育系列

书名	编著者	定价
中学物理科学探究学习评价与案例	张军朋 著	32元
中学物理微格教学教程（第二版）	张军朋 著	32元

21世纪教育科学系列教材·学科学习心理学系列

书名	编著者	定价
数学学习心理学（第二版）	孔凡哲 曾 峥 编著	38元
语文学习心理学	李 广 主编	29元
化学学习心理学	王后雄 主编	29元

21世纪教育技术学精品教材（张景中主编）

书名	编著者	定价
教育技术学研究方法	张 屹 黄 磊 主编	38元
信息化环境下教育研究案例精选	张 屹 主编	32元
学与教的理论与方式	刘雍潜 主编	32元
教育技术项目实践	潘克明 李书明 主编	32元
教育技术学导论	李 芒 金 林 编著	26元
远程教育原理与技术	王继新 张 屹 编著	41元
教学系统设计理论与实践	杨九民 梁林梅 编著	29元
信息技术教学论	雷体南 叶良明 主编	29元
网络教育资源设计与开发	刘清堂 主编	30元

21世纪信息传播实验系列教材

书名	编著者	定价
多媒体软件设计与开发	张新华 编著	32元
电视照明·电视音乐音响	蓝辉强 李剑琴 陈海翔 编著	26元
播音主持	黄碧云 睢 凌 编著	29元

广告策划与创意	唐佳希 李斐飞 编著 26元
传播研究方法与实践	张学波 刘兢 林秀瑜 编著 28元
摄影	张 红 钟日辉 邱文祥 编著 25元
数字动画基础与制作	葛 玥 莫丹丹 编著 34元
报刊新闻电子编辑	罗 昕 彭柳 刘敏 编著 24元
广播电视摄录编	付 俊 黄碧云 睢 凌 编著 25元

21世纪教育技术学精品教材·教育装备系列

教育装备学导论	胡又农 编著 32元
教育装备运筹规划	刘 慧 编著 26元
教育装备评价简明教程	胡又农 编著 26元

21世纪教育科学系列教材

现代教育技术——信息技术走进新课程	冯玲玉 主编 39元
教育学学程——模块化理念的教师行动与体验	闫 祯 主编 45元
教师教育技术——从理论到实践	王以宁 主编 36元
信息技术在学科教学中的应用	陈勇等 编著 32元
教师教育概论	李 进 主编 75元
当代教育行政原理	龚怡祖 编著 37元
教育计量学	岳昌君 著 26元
现代教育评价教程	吴 钢 著 32元
现代教学论基础	徐继存 赵昌木 主编 35元
教育心理学	李晓东 主编 34元
心理与教育测量	顾海根 主编 28元

21世纪信息传播专业英语系列教材

| 教育技术学专业英语 | 吴军其 严 莉 编著 32元 |

21世纪特殊教育创新教材·理论与基础系列

特殊教育的哲学基础	方俊明 主编 29元
特殊教育的医学基础	张 婷 主编 32元
融合教育导论	雷江华 主编 28元
特殊教育学	雷江华 方俊明 主编 33元
特殊儿童心理学	方俊明 雷江华 主编 31元
特殊教育史	朱宗顺 主编 36元
特殊教育研究方法	杜晓新 宋永宁等 主编 33元
特殊教育发展模式	任颂羔 主编 36元

21世纪教师教育系列教材·学术道德与学术规范系列

给研究生的学术建议	[英] 戈登·鲁格 玛丽安·彼得 著 26元
如何撰写与发表社会科学论文：国际刊物指南	蔡今中 著 25元
科技论文写作快速入门	[瑞典] 比约·古斯塔维 著 19元
社会科学研究的基本规则	[英] 朱迪思·贝尔 著 25元
学术道德学生读本	[英] 保罗·奥利弗 著 17元
做好社会研究的10个关键	[英] 马丁·丹斯考姆 著 20元
阅读、写作和推理：学生指导手册	[英] 加文·费尔贝恩 克里斯托弗·温奇 著 25元
如何为学术刊物撰稿：写作技能与规范（英文影印版）	[英] 罗薇娜·莫瑞 著 26元
如何撰写和发表科技论文（英文影印版）	[美] 罗伯特·戴巴巴拉·盖斯特尔 著 28元
如何查找文献	[英] 莎莉·拉姆齐 著 30元
如何写好科研项目申请书（第二版）	[美] 安德鲁·弗里德兰德 卡罗尔·弗尔特 著 25元

21世纪引进版精品教材·研究方法系列丛书

比较教育中的话语形成	[德] 于尔根·施瑞尔 主编 58元
比较教育研究：路径与方法	贝磊·鲍勃·梅森 主编 50元
教育研究方法：使用指南	[美] 乔伊斯·P.高尔 M.D.高尔 沃尔特·R.博格 著 78元
社会研究：问题、方法与过程（第三版）	[英] 迪姆·梅 著 32元
高等教育研究：进展与方法	[英] 马尔科姆·泰特 著 25元